简洁之美

苹果运营的秘密

[美] 肯·西格尔（Ken Segall）◎著

笪鸿安 高原 蔡金峰 译

THINK SIMPLE

How Smart Leaders Defeat Complexity

中国人民大学出版社

·北 京·

致杰瑞米：

我会带你去澳大利亚，我发誓，

但我得先写本书。

THINK SIMPLE

目录

THINK SIMPLE

引言
简洁不简单

简洁是世上最具欺骗性的概念之一。

简洁可以说是最有效的商业武器，商家利用它吸引客户、激励员工、超越对手、提高效率。然而，简洁却不像它看上去的那样简单。

简洁是需要付出代价的。

然而，越来越多的公司发现，简洁会带来非常高的投资回报，能给公司带来惊人的增长，或使深陷泥潭的公司复兴。

尽管客户和消费者看到的简洁是最终结果（简洁的产品或服务），但实际上它内涵丰富。简洁还是一种理念和方法。对内它可以使公司转型，对外可以改变外界对公司的看法。

我常常觉得，自己做的是世上最轻松的事。我并不需要说服世界，说简洁是好东西。人人都清楚这一点。显然，如果公司提供的解决方案更简洁，就一定能吸引客户。如果工作环境不太复杂，员工的干劲会更大。如果沟通交流快速而清晰，就会得到潜在客户的最佳回应。

这些都确定无疑。而挑战是：公司究竟如何才能实现简洁的目的呢？这就是本书主旨。

成为简洁理念的践行者

经过数千年发展，复杂化已经根深蒂固。可以说，复杂化是社会文明的产物。

我们探索越深，发明越多，进步越快，生活就越复杂。具有讽刺意味的是，许多发明创造的初衷却是为了简洁。

当今世界复杂化应归因于科技的发展，这再明显不过了。然而我们必须面对现实，真正的罪魁祸首是我们。我们是人类，人类天生喜欢简洁的东西，但我们常常打开复杂的大门。

将简单的事复杂化容易，而将事情简洁化则更具挑战性，而且常常被人们忽略。在商界，尤其如此。

随着公司成长，我们希望拥有新的管理、组织、沟通和竞争方式。我们出于良好的初衷，但事情却变得愈加复杂。公司内部结构变得更庞杂，生产线扩张，工艺提升，层级增多，人们开始捍卫自己的领地，会议开始吞噬我们的时间。

我们这样做，名义上是为了公司能取得跟以往一样的成功，但是，我们付出了牺牲简洁的代价。生意不再像以往那样一直顺顺当当。创业之初公司拟定的美好的核心使命，变成了只存在于公司墙上的一句标语，或者只存在于 50 页员工手册上的一段赠言。

如果公司出现了复杂化迹象，这并非个案。事实上，众多公司都陷入了复杂化泥潭。此事好的方面是：哪里变复杂，哪里就有机会。

你可以践行简洁的理念：可以着手将长期根植于公司内的复杂情形加以改变。或者，如果公司目前正得益于因简洁而获得的成效，你可以努力夯实基础，以抵御不可避免会再次出现的复杂局面。

我的第一本书《苹果故事：乔布斯的简洁之道》是基于对史蒂夫·乔布斯的深度观察而写成的。在 12 年的时间里，我以广告创意总监的角色观察了他在 NeXT 公司，其后在苹果公司的工作情况，亲眼目睹他如何用简洁的视角看待一切。他痴迷于简洁，这不仅体现在苹果产品中，还体现在苹果公司的组织、创新、营销、零售和客服的方式中。

事实上，简洁是乔布斯最强有力的商业武器。它助力苹果产品出类拔萃，并助力苹果公司创立全新的产品种类。简洁使苹果公司遥遥领先于其竞争对手。虽然苹果公司是凭借简洁之力推动前进的绝佳范例，但它并非是独例。

践行简洁的英雄

受苹果公司得益于简洁化的启发，我着手寻觅一些行进在简洁之道上的其他公司。我想更多了解这些公司领导者的所思所想。我想，如果记录下因简洁而获成功的领导者的经验，那么，可以为愿意遵循简洁之道的人提供宝贵的建议。

本书是我探索世界诸多公司简洁化的成果。

在三年时间内，我尽最大努力，搜寻到一些最聪明、最具创意的简洁代言人。我用传统方式——请求——落实采访事宜。我还采纳了一些同事和客户的建议。另外，一位非常棒的研究者也给我提供了宝贵的资料。

不可否认，这一切令我目眩神迷。我荣幸地与仰慕已久的领导者会面。那些引领着令人着迷的公司的商界领袖们令我眼界大开，惊喜连连。

本书提及的英雄与你想象的可能有出入。研究过程中，我与40多位来自不同国家、不同行业的人进行了沟通交流。他们的公司有大有小；有的很成熟，有的处于上升期；有的大名鼎鼎，有的默默无闻。他们的公司有地区性的、国家级的，也有跨国的。

对于简洁化如何帮助提升公司竞争力，使其在竞争中胜出，每位领导者都有吸引人眼球的见解。每种见解都很独特。然而，你会发现许多见解显示出有趣的相似性。

从杰瑞·格林菲尔德（Jerry Greenfield）那儿，你会了解到，本和杰里公司（Ben & Jerry）如何在坚持核心业务和简洁价值观的同时，从一个地区性公司成长为环球公司。澳大利亚最大的几家银行中的一家的首席执行官则会告诉你，简洁化如何吸引新客户。苹果公司前高级副总裁罗恩·约翰逊（Ron Johnson）会告诉你，一个简单的主意如何凝聚团队共识，创建起遍布全球各地的苹果门店网络。

你会了解，简洁理念如何影响了康泰纳公司（The Container Store）和全食公司（Whole Foods）的首席执行官。另外，你会从时尚、汽车、娱乐和技术等不同行业，了解到关于简洁的各种洞见。你甚至还会获得蓝人集团公司（The Blue Man Group）领导者分享的经验。在出现复杂化苗头时，该公司果断采取战略措施，将其扼杀在摇篮中。

我的目标是，无论从事哪种行业，在还未开始简洁化时，这些领导者的经历和成功故事可以使你具备优势。他们的想法会激发你从不同角度审视自己的公司。希望这是一个更简洁的视角。

简洁：普遍适用的理念

显然，初创公司和小微公司很容易践行简洁理念。小公司专注度高，这很自然。只有经过一段时间的发展，才会出现复杂局面。

这类公司面临的挑战是：理解更简洁方式的重要性，并在公司发展壮大后坚持简洁方式。

对大公司来说，简洁化构成诸多挑战。许多人认为，将拥有数千员工的全球化公司简洁化，这注定要失败。他们的想法不对。诚然，这确实不容易做到，但并非不可行。再以苹果公司为例，它就是一个很好的典范。

在被赶出董事会 11 年后，即 1997 年，史蒂夫·乔布斯重返苹果公司。这时他发现，自己熟悉的富有创新精神和充满活力的苹果公司已变得结构臃肿，业绩平平。此时距公司破产只有 90 天时间。

大家都明白接下来发生了什么。乔布斯对苹果公司进行了大整顿，历时 14 年，他将苹果公司改造成世界最具价值的公司。乔布斯集多重特点于一身：富有远见、爱梦想、具有创新精神，还天生具备领导力。然而，他不是魔术师，他改变苹果公司的途径是基于常识的，一步一个脚印。

他对失去方向感的苹果公司进行整改，使所有员工有了前进目标，并知道自己在公司前进中发挥的作用。他简化公司结构，简化生产线，并简化营销体系。苹果成为全球顶尖公司后，乔布斯常常说，苹果是“世界上最大的创业公司”。

并非所有公司领导者都是史蒂夫·乔布斯。但他们中的许多人都从苹果公司的转型中得到了启发，意识到利用简洁之力可以获得可观的收益。

真实情况是，所有公司一定会因简洁化而获益。如果公司不能将简洁体现在其产品中，那一定可以将之注入其组织架构中，体现在构成其支柱的一些流程中，体现在公司内部的沟通交流中，体现在维系消费者关系的方式中。

感知与现实

具有讽刺意味的是，简洁常常似是而非。

比如，一个产品、一项服务或一个网站可能看上去很简单，但创建它可不简单，也许它是一群人经过很长时间的热烈讨论、忘我工作、苦心经营的结果。客户不了解这个过程，他们看到的只有最终的简洁结果。

所以，事实上并不存在简洁这样的事。我们所谈的只是对简洁的感知。这是客户从产品或服务中获得的一种感受。

很少有人能解释可靠的平板电脑所涉及的技术问题，他们看到的是史上最简单的个人电脑。几乎无人懂得汽车的复杂系统装置，但驾车很简便。多数人不懂电网如何运行，然而任何人都会轻松使用电灯开关。

即使如冰淇淋一样极其简单的东西，其中也蕴含了复杂性。与本和杰里公司的创始人杰瑞·格林菲尔德促膝交谈时，我们一开始谈论的话题之一就是"感知与现实"。

> 谈论简洁时，令我吃惊的是，从某些方面来说，我们公司所做的有点和简洁背道而驰。我们愿意以更复杂的方式行事，其他公司也许不太愿意，或根本不去尝试。我们冰淇淋的特点是：有多种口味选择，并配以大块饼干、糖果和曲奇。
>
> 经典设计的冰淇淋机只能用来制作小巧的食物。如何让它能添加大块东西，则是我们的首创。大量地这样做很复杂，但对于我们的客户而言，这似乎很简单。

这就是简洁的神奇之处。也许它只是一种感知，但却具有推动商业前进的力量。

快、好、省三者兼顾

早期，我为 IBM 的个人电脑写过广告。那时，我几乎没有任何宝贵经验可以汲取，而且严重缺乏自信，所以我渴望吸收一切可以学到的东西。

第一课来自洛杉矶的一位狂躁的广告总监。广告制作开始时，他站在台前向代理创意团队、生产商、客户经理和IBM的营销人员发表演讲。

起初很平静，不久演讲就变成大声咆哮。我被吓得不轻，以至于当时的情景几十年后仍历历在目。他的观点是，作为广告总监，他得平衡三要素：质量、成本和速度。无奈的是，我们最多只能选择其中两个。

"你选吧！"他尖叫着，"如果你选择广告拍得速度快而且成本低，那么质量就会差。如果要质量好、速度又快，你就得多花钱。"

说实话，我现在不记得我们当时选了哪两个。因为我再没跟任何人提起过那则广告，所以我想，被忽视的应该是质量。

在一段时间里，我相信这就是通行的基本规则，并非仅限于广告制作。然而几年后，服务了几个客户后，我开始与一个人交往。他证明说，规则只是我们自我设定的。此人就是史蒂夫·乔布斯。一次又一次，乔布斯向世人表明：快、好和省三者可以兼顾，而秘诀就是不要让复杂挡道。

乔布斯喜欢跟少数聪明人一起共事，总是不遗余力地守护团队的创造性想法。因为人不多，也没有过多的调研分析，团队可以少花钱。因为没有无数的审批和修订，团队可以干得更快。这种工作模式的结果就是，用户交口称赞的产品或服务质量。

我们（广告公司）随时随地都可以与最终决策者（乔布斯）联系。我们甚至从未想过要将我们的广告交由专门小组过目。

想不到吧，虽然没有像戴尔、英特尔和微软公司那样复杂的制约与平衡制度，但我们却创造出了更好的广告。苹果公司的广告一贯有趣，娱乐性强，让人过目不忘。

高水准的成果源于不太复杂的组织制度，这绝非巧合。

不要听那些快、好、省三者不可兼顾的说法。但一定要记住，如果组织不放弃复杂的流程，那么快、好、省绝对无法兼顾。

简洁的科学面

在所有商业领域，简洁都发挥作用。问题是，简洁有时未获得应有的关注。我想，那是因为许多人认为简洁理所当然，并不觉得有必要了解简洁如何，以及为什么会对商务产生重大影响？

我曾和伦敦一家名叫 Foolproof 的数字设计公司的人交流过。此公司挖掘出了简洁的精髓，目标是创建能更好服务用户的网站。

汤姆·伍德（Tom Wood）和彼得·巴莱德（Peter Ballard）是 Foolproof 公司的合伙人和联合创始人，他们曾在维京金融（Virgin Money）工作过。维京金融是一家处于上升期的消费品冠军品牌公司，那时正遇到一个问题。公司营销人员将用户“拉进”公司网站，但进入网站后，访客却不怎么买东西。

作为维京金融公司的员工，汤姆和彼得进行了一些低成本、易操作的试验，以观察网站微小的改变是否会对转变客户消费行为有影响。他们发现，网站的页面布局、排版、色彩、内容和设计等，只要有小改动，就会产生巨大影响。从该试验中，他们嗅到了商机，创建了 Foolproof 公司。他们将公司定性为一家“体验性设计”代理。

Foolproof 起初是家小公司，现在已经跨出英国国门。公司客户包括一些大型技术公司、银行、航空公司和媒介公司。这些组织经常发现自己的系统过于复杂。也就是说，它们往往将消费者的网络体验设计得过于复杂。

Foolproof 公司的工作就是帮助这些公司简化客户体验。他们推出的概念是匈牙利心理学家米哈利·奇克森特米哈伊（Mihaly Csikszenmihalyi）提出的“沉浸”理论。这位心理学家认为，当沉浸在某种过程中的时候，人们并不知道正身处其中，因为此过程已变成直觉或本能。

汤姆说，开车便是例子。不会开车时，人们感觉开车很复杂，要注意很多事项，一不小心就会出岔子或危及生命。但是一旦熟悉了如何开车，事情就变得很简单。甚至能边开车边聊天，这就是“沉浸”状态。

Foolproof 公司把沉浸概念运用到交互设计领域，尝试创建美丽清晰的浏览感受，访问者浏览时根本意识不到设计或者流程痕迹，他们只“沉浸”在美好的体验中。

心理学认为，沉浸状态是一种幸福体验。人们了解自己做了什么，清楚下一步做什么，知道往哪里去。正如汤姆解释的那样，人们满足于活在那个当下，心无旁骛。

> 创建一种沉浸状态时，不仅要创建积极体验，还必须避免消极和干扰性体验。一般而言，需要避免类似焦虑、担心和厌倦等状态。如果以这种方式看待设计，那么任何会提升沉浸感的事物都会强化人们的积极体验。但如果这种感觉被打破，哪怕是一瞬间，沉浸感就可能不复存在。

我本人非常喜欢“沉浸”这个概念，这是我看到的对简洁所做的最靠谱的科学解释。对任何一家努力吸引顾客的商家而言，让顾客有沉浸感都是绝佳目标。在公司内，沉浸感的运用也有利于为员工提供高效的工作环境。但像所有好事一样，这也需要付出很大的努力才能实现。

简洁之路

通往更简洁的商务之路相当清晰，但是因为每个商家都有独特之处，所以并没有标准的方式。要根据各自情况发挥自身特点。

和访谈对象交流后，我提炼出一些对所有商家都适用的主题。本书每章讨论一个主题，共九大主题。读完本书后，我相信你会更容易找到自己的简洁之路。

要做好心理准备，因为将简洁理念付诸实践时，会遇到很多抵制。不要让反对者压倒你的气势，也一定不要让他们动摇你的决心。总有些人对变革感觉不舒服，有些人会有意或无意地阻挠你。

这一点需要向史蒂夫·乔布斯学习。在一些原则性的事情上他从不妥协。简洁就是其中之一。简洁是他的信仰，此信仰助力他带领苹果公司扭亏为盈，并取得巨大成功。这种坚韧也会使你极大受益。

这是通往简洁之路的起点。预祝一路顺风！

THINK SIMPLE

第 1 章
简洁基于公司使命

对于几乎所有伟大公司而言，公司使命都是走向成功的基石。世界上最成功的一些公司都拥有非常简洁的使命。

亚马逊就是一个很好的范例。数年前，杰夫·贝佐斯（Jeff Bezos）用极其简洁的语言描述了亚马逊公司的精髓："一击之遥。"这虽然听上去好似竞选标语，但意味深长。它非常简洁地概括了公司提供给所有亚马逊网站访客的最大便利。轻轻一点鼠标，消费者就能找到几乎任何产品，获得上乘服务。每次购物时，一打开特定网页，人们都会看到"点击 i-click，便可购买"这个选项。

每逢重要机遇，贝佐斯都会提醒公司员工这几个字的重要性。每一项公司举措最终都必须服务于"一击之遥"这个目标。

在最高层次上，使命是公司存在的缘由。使命确保公司永远紧盯前方道路；使命凝聚员工力量，使他们为共同的目标努力；使命为公司产品战略、服务战略、沟通战略、市场战略，以及几乎所有重大决策提供指南。同时，使命也是确保公司不偏离既定前进道路的防护栏。

有些公司会用一套正式的说辞清楚表述它们的使命，并以此来招募公司队伍，培训入职员工。还有一些公司，其使命已完美地渗透到了其运作中，人们几乎不用明说出来，整个组织也都能感受到它的存在。无论哪种方式，使命都会使公司全体员工了解，他们在做什么，他们为什么这样做。使命会激发员工，使他们动力十足。

西蒙·斯涅克（Simon Sinek）是《超级激励者》（*Start with Why*）一书的作者。他在 TED 大会上曾发表题为“伟大的领导者如何激发人们行动”的演讲。在书中和演讲时他都提到了被称为“世界上最简单的想法”的内容。据他观察，最具激励性的公司会向员工阐述公司所做一切的缘由，即“为了什么”，而非大力宣传产品，也不是仅仅告诉员工怎么去做。那些具有明确的使命、具有更高追求的公司，会给消费者留下更深刻、更持久的印象。通过向员工和客户说明“为了什么”，公司变得重要起来，与消费者建立了某种关联。而这种重要性和关联是超越竞争对手的优势所在。

使公司使命清晰和透明化，其本身就是一个有效的简洁化过程，因为这需要人们精简语言，使其直达公司宗旨的本质。有一个此处适用、并在本书后面会重复提及的原则，即有效提炼语言的能力具有巨大的力量。用直击本质的语言表达思想，这会使人易于记忆，难以忘怀。

内容复杂的使命表述或许能调和公司内的不同观点，但不太可能在员工中达成一致，也很有可能使消费者混淆不清。这就好似用五面旗帜来代替一面旗帜。

麦当劳可以说是在公司使命表述方面无重点的例子。麦当劳的使命表述中提及的是一个叫作“制胜计划”（Plan to Win）的复杂的全球战略。近年来，麦当劳公司被指其菜单过于复杂，财务绩效差。当然，很难将所有这些问题归咎于公司无清晰简练的使命表述。但是，缺少它，肯定有不利影响。

谈论一些使命驱动发展的公司时，人们自然会提到苹果。大家都知道，苹果是一家现代化的成功的公司。可早在 20 世纪 90 年代后期，苹果因陷入复杂化泥沼而萎靡不振。那时，公司迫切需要简洁化，而简洁的使命陈述成为简洁化的利器。

使命：苹果转型的利器

1997 年，苹果收购了 NeXT 公司。NeXT 公司的创始人是乔布斯，11 年前，当他被逐出苹果时创办了这家公司。苹果收购了 NeXT 公司后，乔布斯随一揽子收购方案一同回到苹果，他同意做苹果公司当时 CEO 吉尔・阿梅里奥（Gil Amelio）的顾问。收购后的一次公司活动中，吉尔・阿梅里奥将乔布斯拉上台，请他说明 NeXT 技术如何能使苹果公司实现飞跃发展。

乔布斯和阿梅里奥两人的故事结局众所周知，因此，现在从 YouTube 网站观看当时的视频，人们会觉得视频还蛮有趣的。活动一开始时，乔布斯受到了热情的欢迎掌声，这时阿梅里奥似乎有些汗颜，乔布斯对此则感动不已。他还有点放不开，因为他知道，至少在那一刻，吉尔・阿梅里奥是主角，而他还只是配角。

在演讲的一开始，乔布斯就表示，重要的是，苹果要专注于公司使命。在他身后的大屏幕上，他用幻灯片展示了以下内容：

> 苹果公司使命：提供相关的、具吸引力的、只有苹果能提供的问题解决方案。

在苹果公司生死存亡的关键时刻，这些话照亮了苹果前进的道路。之后不久，乔布斯成功上位，被任命为“过渡期的 CEO”。随即，这个临时 CEO 便严格按照使命表述的那样，开始对公司的商业模式、产品线进行改革。结果，苹果公司变得非常简洁，为其后来的神奇发展奠定了基础。

虽然公司的使命很关键，但这不意味着它是镌刻在石碑上的一成不变的东西。随着时间的推移，公司会发展和变化，使命陈述也需要随之逐步进行改变。例如，苹果公司从一家计算机公司向消费电子产品公司转型，这是一个重要转折点。甚至公司名称都从“苹果计算机股份有限公司”变成了“苹果股份有限公司”。公司的使命出现了转变，更加专注于创新和面向未来。

苹果的另一重要转折标志是，创建现在人们熟知的苹果零售门店。创建连锁零售门店需要决定的事项数以百计，从基本概念和建筑式样，到选址、店内布局和人员聘任，不一而足。苹果零售门店不仅提供产品，还提供建议、培训和支持，而零售店员们则拥有积极热情的态度。苹果零售门店的这些尝试需要使命的引领。

乔布斯将罗恩·约翰逊（Ron Johnson）纳入麾下，让其负责构思和建设人们现在看到的苹果零售店。我曾问罗恩，苹果门店如何从一个简单的概念出发，最终取得零售史上最伟大的成功——迄今为止，全球数以百计的地区开有苹果门店。罗恩解释说，由于自身使命的确立，苹果门店才得到了很好的发展。

团队努力将苹果门店使命与公司整体使命相匹配，同时也为颇具吸引力的客户体验设计奠定基础。苹果门店使命成为苹果门店内一切事务的行动指南。罗恩说，使命表述必须易于记忆，这样可以在整个零售系统内广为传播。

> 苹果旨在创造会改变人们生活的高品质产品，对吧？因此，我们想出一个简单的短语表述苹果门店的使命："丰富生活"。整个店面设计，以及门店内的体验设计，其宗旨不仅是丰富消费者的生活，也是丰富雇员的生活。

虽然未出现在店内任何标志或物品上，但是在苹果门店的发展与运营中，"丰富生活"理念无处不在。"丰富生活"成为一切的衡量标准，从店内陈设到雇员行为，再到提供的服务，无不如此。如果某一设计想法与"丰富生活"理念不一致，此设计就会被摒弃。

公司的重要决策之一是苹果门店的选址。决策过程中，"丰富生活"起了决定性作用。

"如果苹果门店以丰富人们的生活为宗旨，"罗恩指出，"那就不能让人们费尽周折来寻找门店。顺理成章，公司决定在购物中心开设苹果门店，这样人们在日常购物的途中，就比较容易找到苹果门店。"

倘若客户的产品需要维修，那么如何为客户提供此服务？这时，“丰富生活”也是首要考虑的内容。就此，罗恩提出了“天才吧”的想法。在“天才吧”，顾客会感觉自己似乎得到了本地最聪明的苹果员工的关照。“天才吧”的设计不仅会丰富客户的生活，也会丰富天才员工自身的生活。罗恩解释说：

> “天才吧”丰富了员工的生活，因为“天才吧”认可员工的专业技能水平。“天才”是员工看重的称号。如果我们仅设置一个维修部门，结果会怎样？好了，我不想在维修部门工作。但是，如果我能在明尼阿波里斯购物中心的苹果店的“天才吧”工作，那是很有成就感的，对吗？

罗恩及其团队付出了很大努力，构建了一种理想的店员形象，从而吸引新人加入。以“丰富生活”为苹果门店工作指南，罗恩他们招募聪明有趣的人，这些人不仅热衷于技术和苹果品牌，而且喜欢分享自己的专业技能。

> 现在，员工在为苹果工作，他们做的工作有意义，他们在苹果门店为客户服务。那么多的员工爱这份工作。
>
> 谈到简洁的力量，“丰富生活”便源自简洁的思想。这个使命描述了乔布斯在苹果公司所做的事，也描述了苹果店的运营理念，即苹果门店是苹果品牌的完美体现。

随着全世界范围内苹果门店越开越多，这个使命持续左右着决策。使命表述助力苹果书写零售门店的成功故事。这个故事有可能成为今后数十年人们研究的课题。

当然，使命助力苹果门店取得成功，部分原因是，它反映了苹果多年积累的经营理念。但是，对刚刚起步的公司来说，清晰的使命表述同样具有价值。

确立相匹配的使命

杰夫·弗勒（Jeff Fluhr）是在线票务公司 StubHub 的创始人之一。公司在美国和英国经营在线票务业务。杰夫·弗勒于 2000 年创立此公司。仅仅过了七年，他就以据说是 3.1 亿美元的价格将公司卖给了易趣（eBay）。在诸多方面，杰夫·弗勒都是新一代技术型企业家的完美代言人：他先有了有趣的点子，然后创办了基于网页的票务服务公司，随着公司的声名鹊起，它逐步发展壮大，达到顶峰。

与许多初创公司类似，StubHub 并没有严格地照本本行事。杰夫很清楚地说，初创公司时，他脑海里并没有使命宣言。然而，随着公司的成长壮大，他的看法有了转变，认为使命宣言具有价值。

> 创立 StubHub 之初，我是一位非常年轻的 CEO 和企业家，大概 25 岁。在此之前，我实际上没有经营公司的任何经验。因此，我确实不了解人们如何为自己的公司确立使命。对于此类事，我并不怎么看重。
>
> 现在，我终于意识到，使命宣言是一个有力的工具。从公司内部角度来说，使命宣言能凝聚共识，实现上下一心；

从公司外部角度来说，使命宣言能使客户更好理解我们在做什么。

当 StubHub 成长壮大，拥有数百名员工时，杰夫招募了一些比他和另一位公司创始人埃里克·贝克（Eric Baker）更有经验的高层经理。他们非常懂行，其中一位建议说，如果要发展壮大，公司就应该认真考虑拥有自己的使命宣言。这是公司良性发展的契机和转折点之一。

杰夫及其团队便开始着手创立公司使命宣言。最终，在公司已有的表明公司主旨的“粉丝买票和卖票”句子中，他们找到了公司使命内容。无论是买家还是卖家都会访问 StubHub，因为他们热爱音乐或者热爱运动。杰夫解释说，服务粉丝这个简单的想法成了公司业务的驱动力。

将公司使命用语言表达出来，这不仅使公司更专注于目标，还有益于我们向世界宣告我们在做什么。我们的专注点是粉丝，而不是其他，如演出场馆、演出团队、业内联盟，也不是表演艺术家、音乐空间及音乐产业。我们专注于粉丝。这一点非常非常重要，是公司的行动指南。没有这个行动指南，StubHub 不可能取得后来的成功。

使命宣言对 StubHub 的成长也很关键，因为它帮助公司与那些反对其做法的力量进行较量。早些时候，许多团队、联盟、艺术家公开反对以高于票面价值的价格再次售票。还有些人认为，票不可以以任何价格再次出售。

当立法部门和社会各界质疑 StubHub 的合法性时，公司为自己进行了强有力的辩护。StubHub 指着公司使命宣言说："看，我们是为粉丝服务的。在一个自由国度，如果买方和卖方都觉得票的买卖于己有最大利益，那么他们就有权进行交易。"StubHub 做的仅仅是让粉丝在自由市场经济中行使自己的权利罢了。

> 为粉丝服务，让粉丝自由选择并能购得相关的票，这个使命内容确实帮助公司简洁清晰地说明了我们在做什么。

像苹果门店一样，对 StubHub 而言，其公司使命影响了公司前进的所有决策，从新产品特征到市场营销，不一而足。它使公司始终目标明确，为客户提供新颖的激动人心的服务。

StubHub 在业内开辟了一条路径。当然，对于那些在竞争激烈的成熟领域寻找成功之道的公司而言，清晰的使命宣言也是一种强大的优势。独特的使命宣言会引领你踏上非同寻常之路。

简洁的使命引人瞩目

业界新手若要在充满竞争的领域里博得眼球，确实不易。而如果你所处行业事关个人品位与情感需求这类主观感受，要做到引人瞩目更是难上加难，比如服装时尚业。

Joe Fresh 是加拿大排名第二的时尚品牌，不仅在本土取得了成功，还在全世界开有分公司。该公司拥有清晰、简洁的使命："清新的时尚、清新的价格"。作为市场营销的主题，此表述恰到好处。

Joe Fresh 品牌背后的关键人物是乔·米勒曼（Joe Mimran），一位加拿大企业家。他在时尚界的奋斗历程可以追溯到 1976 年。乔对简洁情有独钟，这种热情不仅体现在时尚方面，也体现在公司经营方面。加拿大的韦斯顿家族经营的劳伯劳斯（Loblaws）连锁超市的年营业额达 3 500 万美元。当韦斯顿家族的人带着在超市卖服饰的想法找到乔时，Joe Fresh 品牌由此诞生。

韦斯顿家族非常希望以乔的加盟来与主要竞争对手沃尔玛竞争。他们拿出几件沃尔玛正在卖的衣服给乔看。但是，与沃尔玛这个零售巨人展开针锋相对的竞争，乔对此并不感兴趣。

> 我说，“你知道，我不会这么干。如果我加入你们，我要提出自己的想法。”Joe Fresh 这个品牌名，或者说，事实上，“Fresh”（清新）这个点子完全源于“在超市里卖服饰”的想法。清新时尚。这有道理。

因为服饰首先要在超市售卖，乔认为定价得亲民，令人耳目一新（“清新”）；售卖的服饰也需别具一格，引人注目（“清新的时尚”）。衣服必须“有品位”：无论时尚如何变换，服饰颜色绝不能死气沉沉，绝不能有黑色。

每次讨论有关新服饰品牌的事宜时，使命内容都贯穿始终。乔决心坚持简洁路线，不偏离此道，所以他从没想过要降价销售，他的策略是从一开始便低价销售。

公司使命推动了 Joe Fresh 品牌服饰的营销推广。乔相信，重要的是让公众非常清楚并了解 Joe Fresh 品牌。他想，如果 Joe

Fresh 先打广告，宣传一种热门的新时尚品牌，然后叫人们自己到超市去找，这样不容易找到。取而代之的是，乔开创市场营销之先河：宣传服装时尚品牌，却并不告知顾客在哪里能买到相关产品，在宣传时一点都不提及劳伯劳斯超市。

不出所料，这种品牌推广方式引发了激烈争论。但是，不可否认，这是一种大胆尝试：首先推销品牌，强力营销 Joe Fresh 时尚服装系列，然后让顾客惊喜地在超市中“发现”它们。如同乔所说的那样，Joe Fresh 品牌将给人们带来这样或那样的惊喜。人们或因看到广告提示说，他们会在超市中买到时尚服装而感到惊喜，或因在购买食品时，意外看到曾在电视上推广的时尚服装而喜出望外。乔感觉得，后者会给劳伯劳斯超市的购物者带来惊喜和愉悦。

Joe Fresh 时尚服装最初在 40 家劳伯劳斯超市发售。其品牌概念确实需要人们花时间来适应。但是，该品牌及其清晰阐述使命的方式赢得了人们信赖。正如乔所说：

> 我们的创造是：在超市里出售服饰这个独特想法，品牌诚信、出人意料的高品质产品，以及亲民的价格。

乔将 Joe Fresh 品牌的成功归结于远大的品牌愿景、完整的产品开发，以及水晶般清晰的使命宣言。

乔的故事表明，确立清晰的使命是公司良好的开端。但是，使得 Joe Fresh 加速成长壮大的秘诀是，寻找创造性方法来践行公司使命，使其落实到公司运营中。

现在，常识告诉我们，成长中的公司应该有自己的使命宣言，并且所有行动都要与其保持一致。苹果和Joe Fresh无疑就是这样。

然而，我碰到这样一个公司，它创建了一种截然不同的使命。尽管似乎有违直觉，但是，由于公司的使命内容比多数公司的使命内容来得更深刻，所以也带来了简洁的结果。

使命简化远大信念

本和杰里公司的粉丝对此公司的了解较简单。他们看到的是别有风味的奶油冰淇淋、公司所有产品包装上出现的让人感到熟悉的地域特色，以及经久不衰的进取精神。但许多人还会道出此公司的另一个重要方面：它是一家有良知的公司。该公司积极参与社会事业。

在最高层面，该公司确实有单一的使命陈述："致力于为世界带来积极改变。"实际上，这是三个不同使命的结合。当我与公司创始人杰里·格林菲尔德坐下来聊天时，他解释了多重使命是如何引领公司运营的。

> 一段时间后，我们确立了由三部分组成的使命。我们有自己的产品使命、财务使命，以及社会使命。
>
> 三个分使命都同等重要，并且互相关联。仅仅有盈利还不够，我们还必须承担社会使命。因为如果不承担社会使命，我们就没有完成公司的整体使命。

本和杰里公司的每一个分使命，都对“致力于为世界带来积极改变”的整体使命起到一定的作用。公司倡导使用健康的产品原材料，为员工提供职业生涯发展空间，提升当地、全国乃至全球范围内人们的生活品质。三位一体的使命给本和杰里公司的运营带来一定程度的复杂性，而其竞争对手则不必如此。与此同时，三位一体的使命使本和杰里在众多竞争者中脱颖而出。

创立之初，他们脑海中并没有单个或三位一体的使命内容。准确来说，本和杰里公司的使命是历经时间的积淀后有机生成的。

杰里和他的合伙创始人本·科恩（Ben Cohen）从初中起就是非常要好的朋友。大学辍学后，本曾尝试制作陶器。但是他很快就发现，自己制作的陶器无人问津。杰里去大学读医学预科专业，结果却被医科大学拒收。他俩都面临许多跨出校门的人面临的问题：下一步怎么办？

1978 年，两人一起搬到佛蒙特州的伯灵顿。没有经过任何商业培训，他们在修缮一新的一个车库里开起了自制自销的冰淇淋小店。他们仅花了五美元，学习了制作冰淇淋的函授课程。杰里回忆说：

> 我们的目标就是开一家小小的社区店，要开在街角，为来往顾客服务。没有其他想法，仅此而已。我们那时没想到什么宏大使命。我们的目标是一年挣两万美元。

因为在开发新产品上他们能力非常有限，起初，本和杰里没有任何选择，只能在当地经营小买卖。两人缺少资金来源，对冰淇淋行业知之甚少。所谓的“制作”，也只是在后厨手工制作出他们能制作出的数量有限的特色冰淇淋。

最终，他们发明了批量生产特色冰淇淋的方法。从这以后，情况开始有了转变。由于佛蒙特州一年中有很长时间都是冰天雪地，冰淇淋的销售季节很短。要想扩大业务，本和杰里需要离开伯灵顿到南方发展。

随着公司规模的扩大，两位创始人提出了自己的公司使命宣言。他们把使命宣言称作“核心原则”。这些原则包括诸如“商家有责任回馈社区”“如果不喜欢，为什么要做”等表述。遵循着这些核心原则，直到 1988 年本和杰里公司三位一体的使命才被正式确立下来。

> 后来我们意识到，我们不再是小规模冰淇淋店了！我们在做大生意！但是，因为我们是从小做起的，所以知道在小社区和大社会中需要扮演什么角色。就是在那时，我们正式提出了三位一体的使命！我想，我们是在这一行做了大概十年后，才确立使命宣言的。

至此，该使命宣言一直是本和杰里公司发展壮大的驱动力，以至于很难想象，如果没有它，本和杰里公司会是什么样子。

公司创办者在社会良知的引领下，成立了本和杰里基金会。基金会积极参与多项社会事业。基金会从公司获得捐款，但是独立运营。基金会会接受资助申请，但是否给予资助，由在基金会做志愿者的员工集体决定。其理由是，为公司创造利润的人应该有权决定资助谁。

社会使命让公司明白，成功不一定意味着吸引所有人。更多时候公司高度聚焦于某方面，高度致力于某“使命”，这使它与其竞争者区别开来。苹果不需要用 99 美元的智能手机吸引用户，同样，本和杰里公司也不需要用 1 美元 1 加仑的冰淇淋来吸引顾客。

只有当顾客与公司使命产生共鸣时，他们才会被深深地吸引。

简洁从这里起航

人们也许会想，即使没有明确说出，或没有广为宣传，典型的现代化公司都会有一个指导公司行为的使命宣言或核心思想。然而，事实远非如此。

在《苹果故事：乔布斯的简洁之道》一书中，我讲述了两家标志性公司在使命宣言上纠结的故事。故事之一与微软公司有关。微软广告经理参加公司内部的营销会议。会上有几位高管竟然说不出微软公司的使命是什么。故事之二和戴尔公司有关。我与戴尔公司的营销团队受命设计一个新的品牌推广活动。同样，戴尔也有好几位高管不能清楚地说明其公司的使命内容。

像微软和戴尔这样的行业巨头，在公司使命上如此模糊，着实令人吃惊！然而，这也证明，即便是最有影响力、最广为人知的公司也可能不了解有关简洁的最基本常识。没有连贯的、意义深远的使命，公司就会很容易失去努力的重心。缺乏清晰的使命引领，公司资源常常会被分散掉，得不到有效利用。

微软和戴尔早期都有鲜明的使命，其产品也整齐划一。微软旨在让计算机进入寻常人家。戴尔的使命是让人人买得起计算机，并且进行个性化配置。然而，随着公司的发展壮大，它们都抵挡不住复杂化的趋势，公司的使命开始变得模糊起来。

问街上的路人，耐克代表什么，得到的回答会是，颂扬体育精神；问路人宝马代表什么，得到的回答会是，高性能和奢华；问路人苹果代表什么，得到的答案会是，创新和设计。但是，如果问路人戴尔和微软代表什么，你可能会得到一百种不同的答案。更糟的是，即使你问它们公司的内部员工，依然得不到确定的答案。

拥有清晰简洁的使命，是一家公司以简洁化之名所能做的唯一最重要的事。然而，拥有使命宣言只是公司面对的挑战之一，另一挑战是将使命宣言落实在公司的运营中。

THINK SIMPLE

第 2 章

简洁是一种文化

人们可以看到公司的关键要素，对其进行研究，并做出客观评价。这些要素包括办公空间、内部流程、组织结构以及最终向客户提供的产品和服务。对于公司能否运营得更简便，或在市场中能否为消费者提供更简洁的产品，以上每个要素的影响都不容忽视。

但是，另有一个要素与创建简洁组织同等重要。此要素无法触摸，所以衡量起来尤其困难。那就是存在于公司内部的企业文化，以及它如何形成，如何支撑公司价值观。

无论是单个实体，还是分布于某城市、全国乃至全球的连锁商家，每个公司都有其独特的文化。企业文化对雇员的工作方式、激励措施、决策过程、沟通协调、客户互动等都有很大影响。企业文化无所不在。它体现在备忘录、会议、项目和产品中。你甚至可能在自助餐厅的菜单上发现企业文化的蛛丝马迹。

如果公司使命是对公司追求事物的定义，那么企业文化就为其提供了一个框架，引导员工实现公司使命。如果一些决策和行为会推动公司沿着正确方向前进，那么企业文化就会对其给予奖励。企业文化确保新入职员工学会“我们这里的做事方式”。例如，全食公司的员工受到企业文化的感染，致力于更健康的生活追求。企业文化帮助员工增长知识、参与公司决策。本章后面部分会更详细地考察全食公司。

强大的企业文化也会自我防卫，将行为与之不匹配的人剔除。约翰·布劳伊特（John Browett）的故事就是一个生动例证。2012 年，约翰·布劳伊特加入苹果公司，担任负责零售的高级副总裁。他之前是英国迪克森（Dixons）零售连锁公司的 CEO。然而，在苹果他只任职九个月。当时，苹果门店已经非常赚钱，可约翰·布劳伊特还想赚取更多利润。虽然为客户提供诸多便利是苹果门店吸引人之处，但在逐利动机的驱使下，他却裁员、压缩营业时间。约翰·布劳伊特没有真正理解苹果的企业文化或企业使命，或者没有理解客户服务对企业使命的重大意义。结果，苹果文化的抗体自我防卫，对外来文化发起了进攻。

有时，在公司创立之初，简洁就是其文化的一部分。其他时候，经过一定的发展壮大，公司变得复杂起来，在这个过程中公司必须将简洁灌输到公司文化中。

苹果是以上两种情形的例证。初创时，苹果就拥有简洁的文化。后来，公司逐渐壮大，变得目标分散与复杂。乔布斯回归后，苹果的简洁文化又一次变得强大起来。

价值观指导行为

一套独特的价值观，以及对这些价值观的重视程度，这些定义着公司的企业文化。这就是为什么跳槽时，人们总会感受到完全不同的文化氛围，哪怕新老东家处于同一产业。

人们经常可以看到，公司的价值观体现在公司产品、员工行为以及决策类型中。

对于苹果公司的文化，我的视角有点独特。因为在约翰·斯卡利（John Sculley）掌控苹果时，以及后来乔布斯在 1997 年回归苹果时，我都担任与苹果合作的广告代理公司的创意总监。实际上，我亲眼见证了两个苹果故事。

当与斯卡利时代的苹果合作时，我感觉苹果类似我打过交道的其他大公司。它非常正规和复杂，采取任何行动前都须层层审核批准。从所有相关报告来看，这种文化氛围在斯卡利之后的两任 CEO 执掌时期，都没有太大变化。

1997 年重返苹果后，史蒂夫·乔布斯发现，苹果再也不是自己 11 年前离开时的那个苹果了。苹果的价值观变了。在乔布斯眼里，苹果文化变得令人不安，变成了他一直很抗拒的那种“大公司”。

后来，乔布斯想要调整企业文化，实现他确立的使命，即生产只有苹果才能创造出的产品。为了实现这个使命，他努力找回那些早期驱动苹果去改变世界的一些价值观，包括创新、设计和简洁。

乔布斯要求广告代理公司（我当时就职于该公司）搞一场宣传活动，让全世界都知道，苹果的创新精神依然安好地存续着。要让苹果从数年业绩糟糕的阴影中走出来，我们需要进行使命陈述。

在几周内，“不同凡想”宣传活动应运而生。宣传活动中，苹果公司颂扬一些为世界带来实实在在变化的人物，这些人来自科学、音乐、电影、商业以及其他领域。苹果公司的想法是，选择这些人物会体现苹果的价值取向。

当然，宣传活动瞄准的是苹果当时和未来的用户，也为将来的产品做铺垫。当然，宣传活动的对象也包括苹果的员工，因为活动要达到的目标是：在员工心中重燃在公司早期曾大放光彩的企业文化。

“不同凡想”活动推出那天，乔布斯给全体员工发了电子邮件，宣布推出新的宣传活动，要求全体员工不仅要领会活动推出的概念，更要参与其中。他要求所有人，无论处于公司的哪个层级，无论是接待人员还是工程师，都要使自己的工作“不同凡想”。他的一席话给员工指明了方向，并赋予他们力量。

“不同凡想”寥寥数字就抓住了公司的精髓，以及乔布斯想要打造的企业文化。多年前，史蒂夫·乔布斯和公司联合创立者史蒂夫·沃兹尼亚克（Steve Wozniak）在车库里研制出了他们的第一台计算机。若将“不同凡想”几个字贴在当时那间车库的门上，再合适不过了。而且这几个字与乔布斯重新调整苹果产品线的思路也很一致。他相信，要在加州和世界各地的分部重塑苹果文化，“不同凡想”可以为此打下良好基础。

乔布斯再次执掌苹果期间，公司重塑的价值观和文化变得越来越重要，它们使公司简洁化，使公司渡过艰难时刻。

1998 年，乔布斯刚回苹果不久，公司仍在力争重塑自我。当时，整个宏观经济状况一片暗淡。许多公司的收益和股票价格跳水，损失惨重。对于受影响的公司而言，自然的反应是收缩战线，减少损失。它们大刀阔斧地裁减员工、削减营销预算、减少研发支出。

苹果公司没有这样做。

当苹果员工紧张地观望，想知道乔布斯会如何应对暗淡的经济局势时，他在库比蒂诺的公司总部做了一次演讲。通过公司闭路电视，此演讲在全球各苹果分部进行播放。考虑到当时暗淡的经济形势以及公司正在承受的压力，在许多人看来，他的演讲令人极度惊讶。

乔布斯宣布，苹果不会削减任何市场营销预算，不会削减任何研发费用，不会解雇任何称职的人员（我喜欢他在“人员”前使用的限定语）。相反，苹果公司将会通过创新走出经济困境。

史蒂夫·威尔海特（Steve Wilhite）当时任苹果副总裁，主管全球营销传播工作。他回忆到，那次演讲是苹果价值观的生动展示。因为此次的压力测试以及乔布斯对此的反应，苹果公司又走上了正轨，变得更强大、更具力量、更举足轻重。威尔海特回忆了那个关键时刻：

> 我从未见过，在任何环境下，任何产业的领军者，在那样的环境下，做出那样的决策，展示出那样激动人心的领导力。那之后苹果发生了什么？噢，当然就是 iPod、iPhone、iPad 系列产品的推出。

1985年，乔布斯主要因为坚持投入而被逐出公司。考虑到这一点，此故事令人感到惊奇。现在，数年后，当公司盈利受挫，他依然拒绝削减预算。然而，这次他没有为此遭受任何压力。他受到人们的推崇，因为他坚持原则，毫不动摇，还因为他为那些将一生奉献给公司的人保住了工作。

威尔海特说，苹果走过了那段黑暗的日子，变得比过去更具创新精神、更举足轻重。

> 想要成就伟大，你必须有做自己的那份自信，还要以真诚的方式表达自我！你要坚持自己的价值观。如果不坚持，你或许会取得经济上的成功，你的公司或许会在短期内获得更高的市值，但决不会成为全球标志性的伟大公司！你永远不会实现从成功到永恒的转变。史蒂夫·乔布斯做到了。

威尔海特进一步指出，虽然乔布斯认为有必要捍卫公司使命和价值观，但在这些事情上，他从不武断表达意见。他喜欢用产品来体现公司的价值观。

> 你知道，接受访谈时乔布斯从不谈自己。从来不。他会谈公司产品。他会谈一些想法，谈如何将想法与客户联系起来。那是他的使命，他从未放弃对使命的追求。

公司的价值观与公司的产品之间存在逻辑关联。例如，当技术公司高度注重创新时，情况就会这样。然而，公司价值观的意义也可能会超越其产品。

例如，本和杰里公司闻名遐迩，因为它制作的冰淇淋品质卓越。然而，公司的社会良知后来成了企业文化的关键内容。它将员工凝聚起来，为公司文化添加了自豪感和服务社会的维度。

超越产品的价值观

在本书第 1 章，杰里·格林菲尔德解释了本和杰里冰淇淋公司的三位一体使命，介绍了该使命如何驱动公司走向国际市场，取得如今的成功。

三位一体使命中的一项，即社会使命，表达了企业的价值取向。此价值取向是公司文化极其重要的组成部分。多年来，它帮助本和杰里公司吸引了志趣相投的人，赋予员工以成就感，使他们觉得自己并不仅仅是在制作上佳冰淇淋。

在社会良知的驱动下，本和杰里公司在许多棘手问题上都立场鲜明，哪怕这样做会有风险。例如 2014 年，在涉及食品安全带有政治色彩的一个有争议的话题上，本和杰里公司表明了自己的立场。有人提议，要在所有食品包装上标明该食品是否使用了 GMO（转基因）原材料，并对此进行立法，本和杰里公司对此公开表示支持。此立法提案要求，如果食品中含有转基因成分，就必须在包装上加以说明。当时已有 60 多个国家有此立法，美国必须紧跟其后。杰里解释说，一些食品行业的巨头公司联合抵制此立法提议。

这是一个以弱对强的局面：消费者与巨头公司的对抗。本和杰里公司强烈支持消费者获得知情权，但巨头食品公司却不买账。

实际上，标注转基因这个事根本不可怕。可以这样标注“本产品可能采用转基因技术生产”。就这么简单，仅此而已。一方面，这种争论很奇葩；另一方面，它也的确很有必要。

只要杰里对反对者提出自己的简洁化忠告就足够了：与其花费巨资来反对立法，还不如动用这数百万美元的一部分做些科普工作。如果你相信转基因没有什么害处，甚至还有利，那就告诉民众好了。

本和杰里公司继续支持此立法提议，虽然这样做影响了它与母公司联合利华之间的关系，因为联合利华是反对一方的巨头公司之一。

但是，本和杰里公司对社会进步事业的支持总伴随着风险。有许多消费者拒绝购买本和杰里公司的冰淇淋，因为他们不赞同本和杰里公司的立场。然而，杰里感觉到，他们这样做利远大于弊。在本和杰里公司内部，公司使命和价值观仍然被广为议论。虽然一些人不完全赞同公司的立场，但是他们还是感到自豪，因为公司关爱社会，在意他人。

杰里说，公众也许无法完整说出本和杰里公司的价值观。但是它确实展现了驱动其发展的企业价值观。

通常，顾客有自己的偏好。他们隐约知道我们公司做的事靠谱。他们可能说不出来我们都做了些什么，但会感觉我们代表正能量，是一家不错的公司。

本和杰里公司一直坚守其企业文化，使之毫发未损，即使在被联合利华收购，其品牌打入27个国家之后也如此。他们是怎样做到的呢？可以将其看成一个有条不紊的过程，在此过程中，公司采取了一些具体措施，以确保未来无论发生什么，其价值观都能一如既往地得到持续强化和巩固。

正如杰里早前解释的，由于本和杰里基金会的创立，公司有了践行社会使命的具体机构。数年后，当联合利华表示有兴趣收购本和杰里公司时，人们议论纷纷，本和杰里的独特企业文化如何与联合利华的相融合？当最终收购交易完成时，此交易在公司内部被称为"著名的收购协定"。

协议规定，联合利华负责本和杰里的运营和财务事宜，而本和杰里的一个独立董事会负责监督其社会使命的执行和品牌诚信事宜。此协定被镌刻于石碑上，永久长存。在联合利华支持的前提下，协定确保了本和杰里公司价值观的存续，也为该品牌在全球的发展提供了必要的资源。

联合利华负责本和杰里公司CEO的聘任和解职。虽然本和杰里的CEO负责向联合利华汇报公司运营及财务事宜，但向本和杰里独立董事会汇报社会使命执行事宜。其工作绩效由双方共同评估。

约斯泰因·索尔海姆（Jostein Solheim）是现任本和杰里公司的CEO，杰里是他的粉丝。约斯泰因·索尔海姆在联合利华工作多年，深得管理层信赖。他知道如何在公司体系内做事，并且对本和杰里公司的价值观极为推崇。实际上，他说的话听上去和杰里说的如出一辙，“世界需要大的变革以解决我们所面临的社会和环境问题。”

联合利华和本和杰里两家公司做出的这种独特的安排，运转良好，因为母公司尊重本和杰里公司的价值观，并强化其企业文化。但是杰里说，其他公司难以复制这种独特的关系。

> 其他公司会模仿本和杰里公司的冰淇淋口味，并在市场营销上面下工夫，但是没有一家公司如此真诚地、热情地致力于社会正义事业。在商业领域，这非常罕见。

在全球层面上，本和杰里公司面临的挑战是：如何在国情有别于美国的国家表达出自己的价值取向。例如在澳大利亚，本和杰里公司发起了倡议婚姻双方平等的活动。他们还举行活动，拯救正在消失的大堡礁。

公司非常注意搞倡议活动的方式，因为不想被认为是在攻击任何人。但是，杰里指出，如果不表达出发自内心的信仰，那就不是本和杰里公司了。

> 比较棘手的是，要让人们感到本和杰里公司的活动发自真心、实实在在（事实上，我们确实如此），并不只是空谈。但是，公司刚进入一个国家后，我们只能靠游说。你知道，纸上谈兵并没什么价值。所以我们必须有所行动，表明我们的关心和在意是实实在在的。

我们再一次看到，强有力的价值观有简洁化的效果。价值观帮助本和杰里公司的员工明确奋斗目标：本和杰里公司不仅制作令人称奇的新口味冰淇淋，还有更伟大的社会目标。

受益于强有力企业文化的公司都具有一种鲜明特征，其员工感觉自己是特别群体中的一员，相信自己在做对社会有价值的事。员工的个人成就感与他们获得的经济激励同等重要。

强有力的企业文化，以及凝聚员工力量实现共同目标的能力，是企业强有力的竞争优势，即使公司产品与竞争对手相似时也不例外。

价值观如指纹般独特

多数人认为，房地产行业与技术行业的运作思路不一样。但是，约翰·麦格拉斯（John McGrath）向世人证明，两个行业有一些共同的价值取向。

约翰是麦格拉斯有限公司（McGrath Limited）创始人和CEO。麦格拉斯有限公司是一家房地产公司，总部位于澳大利亚的悉尼。由于严格践行企业价值观，特别是不屈不挠地致力于对高品质的追求，约翰被誉为“地产界的史蒂夫·乔布斯”。

实际情况并没这么玄乎。约翰只买卖高品质地产，并坚持让雇员提供一流的客户体验服务。由于像乔布斯一样痴迷于高标准，到 2015 年底，麦格拉斯已成长为在全澳大利亚拥有 78 家营业处的公司（其中 23 家是公司旗下的，55 家是特许的，年销售额达 100 亿美元。）

在悉尼期间，我随机访问了麦格拉斯的一个营业处，感受到它与宣传的不差分毫。营业处干净、优雅，装修风格面向高端客户。我差点经不住诱惑，购买一套悉尼港湾地段的房子。

我问约翰，在拥有如此多营业处的组织内，要保持简洁之道，企业文化起了什么作用。

他解释说，在2015年，公司可能会售出10 000套房产，从而成为澳大利亚境内较大的地产企业之一。但是在约翰眼里，他的公司“不错，小小的，拥有少量杰出员工和少量杰出客户”。

> 人们跟我说，经营一家大公司肯定很难。我说：“嗯，说老实话，我做的不是大生意，我做的是小买卖。苹果才是做大生意的。我的公司有1 300名雇员，比咖啡馆要大点，但与苹果相比，差远了。”
>
> 很多人认为，自己公司的情况比真实的更复杂。多数情况是，他们实际上是无中生有地将事情复杂化了。在我看来，许多生意根本不复杂，除非公司CEO或创始人将事情复杂化。

约翰相信，注重简洁是公司持续成长的秘诀，也是公司远离复杂化的最佳途径。具体来说，他注重确立自己公司的“目的”，也就是我们所说的使命。

> 我们就是要不断地问自己：“我们的目的是什么?”嗯，我们的目的是：寻找想要售出房产的人，提出一套绝佳的销售方案，将房产很好地展示给世人，谈定一个最佳的价格，然后继续跟进。如果将所有这些归结为一个简单的目的，一

切就会变得可控。

约翰确立的公司文化就是专心致力于实现此目的的文化。公司的价值取向支撑着这个目的。如同我们了解的那样，公司价值观驱动公司文化。麦格拉斯与众不同的公司文化使之区别于业内竞争对手。

> 对我来说，价值观是成功的基础。如果你心中有一套强有力的、清晰的价值观，那么显然整个团队也会有。如果某事不符合公司的价值标准，那么连讨论都不值得。在公司，我们推崇尊重、真诚、卓越。如果有实现盈利的机会，或是要决策，或是有流程需要讨论，但这些却和公司价值观有冲突，我就可能会说："我们到底为什么还要继续讨论呢？"

一系列强有力的价值观不仅是企业文化的基础，也是公司运营的强力简化器。当被问到最重要的价值观是什么时，约翰脱口而出："卓越。"听到有工作人员说类似"约翰不会喜欢那样"的话时，约翰感觉良好，因为这并不是阿谀奉承，他认为这表明，员工真正了解组织的价值标准，并且在努力达到这样的标准。

约翰引用《追求卓越》（*In Search of Excellence*）一书的作者汤姆·彼得斯（Tom Peters）的话说，"如果不追求卓越，那追求什么？如果现在不追求卓越，那何时追求？"约翰解释说，如果不致力于追求卓越，实际上就会陷于平庸。如果采用非黑即白的视角，就只有这两种选择。

讲述一个约翰追求卓越的例子。约翰要求员工对业主的房子进行严格、细致的检查，并用顶级的照片资料向客户进行营销推广。在麦格拉斯，通用的规则是，所采用的照片资料必须看起来与出自《建筑文摘》（*Architectural Digest*）的照片一样完美。如果照片在细节上有一点点瑕疵，约翰就会要求重新拍照。他说，公司文化要求员工关注细节，毫不妥协。

> 入职时听到此类事情后，新员工有时会做出这样反应："哦，哇，真的吗？"然后，他们很快得到答案："是的，确实是。"我们崇尚卓越，并在每个细节上追求卓越。在这一点上，没有任何回旋余地。

价值观从来就不是程度问题，而是是与否的问题。麦格拉斯公司基于价值观而创建，持续用价值观引领，而且因其价值观在房地产行业脱颖而出。

很明显，恪守企业价值观会帮助公司保持稳步上升。而且，当危机威胁到公司的生存时，强有力的价值观也会发挥作用。事实上，在这种情况下，价值观常常起到至关重要的作用，带来最佳效果。全球著名的汽车制造商——大众汽车——就是例证。

强大价值观催生大胆行动

将崇尚简洁灌输到公司文化中，确实能改变人们看待复杂事情的方式。人们会运用常识来解决复杂问题，做出大胆决策。

让我们看一下亚历山大和戈尔迪之结（希腊神话中的一个难题）的传说吧。当人们解不开缠成一团的绳结时，亚历山大出现了，他察看之后，只是用剑一挥，就斩断了绳结。轻而易举！

有些人拥有类似亚历山大化繁为简的能力。前面提及的苹果前营销总监史蒂夫·威尔海特在 20 世纪 90 年代早期担任过大众美国分公司市场营销的管理职务。史蒂夫·威尔海特对大众美国分公司当时的 CEO 比尔·扬（Bill Young）推崇备至。在坚定的价值观的驱动下，比尔·扬在公司面临挑战时仍会大胆做出决策，即使失去工作也在所不惜。

威尔海特在任期间，公司压力重重。情况好时，公司年销售量曾达 56.9 万辆。但在 1992 年售量减少到 4.9 万辆，连正常销量的 10%都不到。威尔海特说，尽管处于困难期，比尔·扬仍然坚持公司的价值观，毫不妥协。

> 我们的质量问题糟糕得令人难以置信。不管从哪个指标来衡量产品质量，我们都是业内最差的。意识到下一代汽车的产品质量会更糟，比尔·扬做出了令人十分惊讶的决定："我们不接受公司生产的汽车的交付。"
>
> 那些汽车数量大约占我们销量的 70%。想想看，如果本田说不接受下一代雅阁的交付，或者丰田说不接受下一代凯美瑞的交付，那将会是什么局面？比尔就是这么干的。

有时，基于价值观做出决策需要果断，比尔遭遇的情形无疑是非常艰难的。但比尔·扬并未罢手。因为停止交付装运是他的决定，并非经销商的决定，他决定付给经销商们"隐性总利润"，总数参照他们前一年的销售额。因为大众付给经销商的报酬实际上是根据公司前一年的销售额估算的，因此公司盈利急剧下降。

公司董事会接受了扬的决定，取消新型车辆的交付。但他们最终辞退了扬，主要原因是他向经销商支付了未卖出汽车的费用。但是，在威尔海特看来，扬对公司产品的品质的坚守为后来公司的重构奠定了基础。

> 比尔·扬的两个决定本身不会挽救公司，但是它们使我们在美国得以存续，并给予我们东山再起的机会。这两个决策也犹如沙地画线，明白无误地表明低品质汽车不可接受。如果没有比尔·扬当时大胆的决策，大众便不可能在美国存续下来。然而，对比尔·扬来说，决策很简单，因为他拥有正确的价值观。比尔·扬的价值观帮助他破解了戈尔迪之结。

在扬暂时执掌大众美国分公司时，公司全力贯彻注重品质的价值观。与此形成鲜明对照的是，2015 年，由于做了与价值观背道而驰的事，大众品牌遭受重创。大众公司被指，通过有意设计软件，使其旗下汽车在测试时获得的碳排放数值低于实际的碳排放数值。由于没有坚持其价值观，大众公司品牌严重受损，其受到的伤害，可能需要数年才能痊愈。

威尔海特是幸运的，因为无论是在大众美国分公司还是在苹果公司，在他履职期间，都亲眼见证了强有力的价值观如何发挥作用。这些公司的价值观赋予公司做正确事情的勇气。他相信，做正确的事是商家的上策。

> 为什么其他品牌不像苹果那样成功？因为它们的领导者没有史蒂夫·乔布斯做正确决策的勇气。他没有基于测试和研究做决策，而是基于自己的价值观做决策。由于具备强有力的价值观，他的决策很简单。

威尔海特接着与我又聊了与乔布斯共事的经历，“做正确的事”成了我们谈论的主题。尽管史蒂夫·乔布斯的批评者对这一点颇有微词，但我俩都发现，这是乔布斯鲜明的行为模式。他坚持真诚面对自己的价值观，依据这些价值观做自己认为正确的事。就是这样的坚持使苹果有别于其竞争对手，也使苹果在不太被看好的时候重获生机。

当然，所有公司领导者都认为他们在做正确的事情。但是，是遵循大脑的逻辑思维行动，还是依据坚定的信仰行动，特别是当后者也许得不到原始数据支撑的时候，这两者有很大不同。

实情是，做一些艰难决策时，若有价值观引导，决策就变得不那么艰难了。

诚信是强有力的价值观

在早期广告生涯中，我曾见过一份调查报告，它揭示了在美国最受人尊重和最不受人尊重的一些职业。最不受人尊重的职业是律师和广告人。

我很为自己的父母难过，因为他们的三个孩子当中，有两个上榜，一个从事律师业，一个从事广告业（还好，剩下一个从事较受人尊重的教育业）。

无论调查报告是否可信，对这些职业评价低，是因为人们主观认为这些职业缺乏诚信。基于此原因，我很享受与美国 RadicalMedia 公司几位合伙创始人的会面。他们从事广告创作和电影、电视及网站内容的创作。这些家伙非常看重诚信，如此看重，以至于将它描述为公司的创立原则和公司文化最根本的要素。

今天，RadicalMedia 已是一家全球性公司。创立之初公司很不起眼，只有一间制作室，从事广告创作。数年后，公司发展壮大起来，业务领域非常广。它制作的电影有获得奥斯卡最佳纪录片奖的《战争迷雾》(*Fog of War*)、获得格莱美最佳纪录片奖的《基思·理查兹：酒醉》(*Keith Richards: Under the Influence*)；它拍的电视有在 Sundance 频道播出了六季的《革新者》（*Iconoclasts*)，在奥普拉·温弗瑞电视网播出了五季的《奥普拉·温弗瑞大师讲习班》(*Oprah's Master Class*)。公司与凯蒂·佩芮 (Kate Perry)、西亚（Sia）以及其他明星合作，创作了一些重要的音乐视频作品。RadicalMedia 还继续为一些客户制作广告，如奥迪、宝马、梅赛德斯、保时捷、福特、通用汽车、香奈儿、政府雇员保险公司（GEICO)、J. 克鲁（J. Crew)、通用电气，以及其他多家著名公司。

弗兰克·西尔玛（Frank Scherma）是 RadicalMedia 洛杉矶分部的创始人和负责人。他回忆了公司成立之初和合伙人乔恩·卡门（Jon Carmen）的谈话。

> 他说，作为制片人，我们拥有的最重要的东西是诚信。从小做到大，诚信一直是我们的关注点。我们必须保持和维护诚信，因为它确实是我们成功的驱动力。

乔恩也回忆起这次谈话，说起这次谈话是如何帮助他们两位创始人达成共识的。并不是说，他们从事的媒体行业充斥着骗子，而是说，因为他们的产品制作花钱多、压力大，有时人们会有疯狂之举。乔恩说：

> 我们真心想要创作伟大的作品，而诚信这个信条让我们远离麻烦。诚信使我们真诚面对自我。我们无时无刻不提醒自己：我们是谁，我们在干什么，我们代表什么。因为一直坚持诚信，公司得以在各方培养起信任，而这是我们能长期屹立不倒的原因。

诚信是驱动RadicalMedia公司文化的核心价值观。要领会诚信如何影响公司业务运营，就必须了解公司要巧妙应对的诸多关系。早期，RadicalMedia的服务对象是广告公司，它为这些公司的客户制作产品。但随着营销情况的变化，一些客户提出要RadicalMedia直接跟他们合作。这是一个挑战。RadicalMedia想要对两方都服务周全，不想触怒任何一方。

与此同时，RadicalMedia还为一些导演提供周全服务。公司必须培育和支持这些导演的事业，保护他们的声誉。因此，在不同情形下，公司灵活巧妙地扮演不同角色：人才管理者、代理人、媒体产品生产商。事情常常是，一个人的优先事项并不是其他人的优先事项。RadicalMedia 推崇的诚信使各方感觉安心，并让他们确信，公司的目标是创作最佳作品，而非追求最大利润。在诚信价值观的指导下，公司选择志趣相投的客户、合作人，以及雇员。诚信价值观也确保公司在前进道路上不至于向某方妥协。

数十年来，传媒公司起起落落，而 RadicalMedia 一直屹立不倒。即便如此，仍必须始终在组织内培植和鼓励诚信价值观，因为如果公司一旦抵御不了快速赚钱的诱惑，此价值观即刻就会崩塌。

有些公司的文化要求员工将实现盈利视作当务之急，但RadicalMedia 鼓励员工将高品质、公正对待各方放在首位。有这样的核心价值观驱动公司文化，员工行为、管理决策就都打上了诚信的烙印，不诚信的行为或决策会很快被发觉。乔恩举了个例子，讲到了在广告拍摄时出现的很棘手的情况：

> 因为一个荒唐的原因，一位知名导演对一家代理商的创意人员做了出格的举动。为维护代理商及其客户利益，我让导演退出了项目团队。没有人会相信我会那么做，特别是对这个导演。但是我们与代理商们共事多年，我向这家代理商的创始人解释说，“你值得获得更好的对待。我们不能破坏与你建立起来的关系，或你与你客户的关系。”我们另聘了一位导演，他大方地接受了任务。这位新任导演尽心尽力地

扭转局面，与之前受了创伤的创意团队进行了愉快的合作。他们所制作的产品后来在戛纳国际电影节获广告钛狮奖①。

乔恩相信，当公司拥有强有力价值观的时候，企业文化就会形成良性循环。卓越的工作强化企业文化，强有力的企业文化又催生更卓越的工作。

RadicalMedia 有员工约 150 名。但是，因为要制作媒体产品，公司每年会雇用数千名自由职业者。乔恩指出，那些自由职业者也非常欣赏 RadicalMedia 强有力的企业文化。

> 那些自由职业者常常会感谢我们，感谢我们与众不同的企业文化。听到那些，我总是很好奇。我们确实与众不同吗？他们也许不会使用“诚信”一词，但他们会谈论诚实和承诺、我们雇员的忠诚和态度，以及我们对待人的方式。传到我们耳中的话都非常正面、非常诚恳。无论是全职员工，还是自由职业者，他们都将公司当作家，将自己当作家中的一员。

声誉是公司吸引业务的重要因素。RadicalMedia 的组织行为和组织业绩提高了公司的诚信声誉。该公司已将积极的人类价值观转化成公司运营的鲜明特色。

但是，RadicalMedia 的竞争者难道不可以宣称说，自己推崇

---

① 戛纳国际电影节的一个特别奖项，旨在鼓励那些“在广告业具有激发思维、开辟新路效果的突破性思想”。

同样的价值观吗？他们当然可以。然而，仅宣称是无用的。要有效驱动公司运营，价值观必须深深植入人心。模仿并不等同于信仰。

价值观不可复制

在韩国首尔期间，我结识了特德·郑（Ted Chung），当时他是现代信用卡（Hyundai Card）的 CEO，同时兼任现代资本（Hyundai Capital）、现代广告（Hyundai Commercial）的 CEO。这三家公司是其母公司现代汽车集团（Hyundai Motor Group）的金融臂膀。创立这些子公司是为了帮助消费者和商家解决财务问题，并提供其他金融和商业服务。

特德之所以成为韩国的商界翘楚，主要是因为他在现代信用卡公司进行的引人注目的变革。由于变革成功，2015 年，特德晋升为这三大子公司的副总裁。

2003 年，特德开始供职于现代信用卡公司。当时，现代信用卡、现代资本两家公司年亏损额达 7.65 亿美元。十年后，在特德领导下，两家公司的年盈利额有望达 9.10 亿美元。给信用卡公司带来的一些重大变化是他扭转局势的关键所在。

起初，特德在公司内灌输一套新的价值观，其中之一是设计至上。此价值观不仅帮助现代信用卡公司扭亏为盈，还鼓舞了员工士气，使公司办公空间焕然一新，并给顾客呈现出公司虎虎有生气的形象。设计至上也有利于公司培养简洁新理念，因为它可以为许多决策提供指导。

现代信用卡公司很重视公司的信用卡，视之为珍宝。其信用卡不仅设计具艺术性，小巧玲珑，其包装也非常精美雅致。这种对设计的专注会鼓励客户视公司提供的产品为超值产品，它反映的是一种超值的生活方式。（实际上，特德参与设计了倡导设计至上之后的第一批信用卡。后来，此信用卡上的标志、布局以及色彩变得家喻户晓。）

特德认为，要让设计至上的价值观对公司运营方式真正产生重要影响，就必须让它可见。他批准的公司物理空间设计使人们可以清楚地感受到这种影响。

参访现代信用卡公司时，我在想，这个公司总部肯定平常无奇。然而，情况并非如此。我发现它既是设计工作室，也是博物馆，同时还是技术展示室。

总部大厅简洁而优雅。客人首先看到的是由英国艺术家朱利安·奥培（Judian Opie）制作的一段多媒体艺术展示。总部的设计实验室由法国建筑师让·努维尔（Jean Nouvel）设计。总部的设计库给人的印象极其深刻，它比我工作过的任何广告公司的设计库都要大，甚至比苹果的秘密设计室的设计库还大。公司员工和访客光顾的 M 咖啡厅也设计得很美，其中椅子的构思源于知名丹麦设计师维尔纳·潘顿（Verner Panton）。

我问特德，他是否担心竞争者会复制现代信用卡公司的价值观，或复制公司沟通价值观的方式。他表示并不担心。

> 竞争者试图复制我们的方式，但是没有我们所具备的

DNA。因此，他们并不真正理解我们在做什么。我可以向他们公开整个商业策划，这样做没关系。他们雇用了设计师和营销师，有时甚至还从现代信用卡公司挖人。但是如果不具备我们的DNA，没有与我们相同的愿景，那么复制我们公司的做法没有意义。

通过创作出鼓舞人心的产品，公司已经培育出一种酷酷的文化氛围。特德强调说，酷并不肤浅，它体现了公司的信仰。

当史蒂夫·乔布斯向公众展示第一款苹果手机时，其手机因其设计和功能而酷炫。之所以酷，还因为苹果的价值观以及业绩赢得了人们的尊重。其他公司可以复制苹果手机，也可以创造出优质产品，但是却不会令人感到酷。

特德说，酷源于公司价值观。当这些价值观与客户的价值观一致时，客户与公司就会产生深厚的关系。此时，价值观既使公司具有吸引力，又给公司带来回报。

特德谈到在一次纽约之行中发生的事。在纽约，他在某地驻足，看一家大的消费类电子产品公司门店的产品展示。他被展示震住了，但这种震惊却不是正面的。这家门店表面很“酷”，但令人感到乏善可陈，它没有投射出公司的价值观。门店根本没有将公司产品背后的“为什么”表达出来。

相比之下，在苹果零售店，特德清楚地看到苹果公司的价值观。这些价值观与他在苹果公司看到的其他方面（线上、包装、广告、产品本身）相同。苹果公司利用所有的机会强化其倡导的简洁、设计、品质、丰富生活的价值导向。在特德看来，苹果成功的原因是，其公司价值观真实地体现在其品牌中。没有这种真实，“酷”并没有多大意义。

在澳大利亚的悉尼，从事房地产的麦格拉斯有限公司的 CEO 约翰·麦格拉斯也认为，公司的企业文化是竞争者不可复制的。他将企业文化视为公司招募新人的强有力工具。然而，他并不特意地将企业文化灌输给员工。在约翰看来，企业文化是自然形成的，不是教会的。

> 企业文化是员工在成为公司一员时感受到的东西，你可以从一开始就告诉他们公司的企业文化，也可以跟他们说，他们将会有怎样的体验。但只有真正去体验，他们才能形成自己的对于企业文化的感知。

约翰努力确保员工从入职之日起就对企业文化有真切的感受。他把员工从分部集中到总部进行企业文化体验。所有人从自己的“就职首日”开始吸收企业文化。其方式并非正式的说教，而是让新老员工互动交流。所有人，从来自最遥远分部的初级助理到新上任的总经理，都被要求在就职首日参与交流。约翰会特地抽时间参与这一活动。他会介绍自己，并与人们分享一些使公司与众不同的东西。

约翰相信，文化会激发人们去行动。要让新就职的员工们看到：公司员工热爱自己的工作，他们要做到最好，而且他们致力于追求卓越。他还说，如果一些员工不能适应公司的企业文化，那没关系。

> 坦率地说，公司的企业文化不可能吸引所有人。这是企业文化吸引人的一方面。当加入我们时，员工知道我们这儿最重要的事就是诚信（但在我们这一行，做到这一点很难），所以我对员工说：“在这件事情上，要么上天堂，要么下地狱。”

如果公司的组织文化强大有力，员工绩效标准就会明白无误。新入职人员会立马被其吸引，这也会使少部分人很快意识到，自己来错了地方。

> 如果你致力于追求卓越，如果你乐于为客户服务，如果你对工作充满激情，如果你无论何时都实话实说，那么请加盟麦格拉斯。如果你不符合上述任何一点，那么你就没必要留下来。我们在这些方面毫不含糊。说明这一点是公司招新人时的流程之一。如果招来一人，却听到他说“啊，真见鬼，这不是我想要的工作”，这对公司并无益处。

如同韩国现代信用卡公司一样，麦格拉斯公司的价值观并没有张贴到公司的办公场所，但公司文化的实质人人皆知。通过员工在工作中的亲身体验，这些原则得以传播。

然而，一些公司发现，正式确定它们的价值观，并用各种方式积极在组织内进行传播，也很有成效。

正式确立的价值观

美国康泰纳连锁商店在零售方面取得了令人难以置信的成功。公司第一家店于 1978 年开业。从那时起，其业绩每年至少增长 20%。康泰纳连续 15 年名列《财富》(*Fortune*) 杂志“百佳工作场所”榜单。可见，康泰纳商店拥有特别优秀的企业文化。

我与康泰纳的 CEO 基普·廷德尔 (Kip Tindell) 详细讨论过他公司的价值观，以及他不断强化这些价值观的方式。公司创立之初，基普创立了他称之为“基础原则”的东西，共有七项。(如果你要弄清“七”有什么深层含义，那就放弃吧。基普是这样想的，既然多数人连十戒都记不住，他就不要搞太多原则了，就搞七项。又是简洁化的体现。)

基础原则提及一系列价值观，包括沟通、善待供应商、开发直觉、保持热情，提供超值服务等。对于基普来说，这些原则和公司成功运营息息相关。

> 招新人时，我们会考察其是否认同这些基础原则。在培训中，我们也会考察其是否接受这些基础原则。这些是我们组织文化的基本框架，也是我们工作的出发点。

这些原则是康泰纳公司简洁化的精髓。他们不必再搞一些在其他公司常见的复杂规定和流程。基础原则授权员工，给员工按个人方式做事的自由，上司不会一直严密监督。

> 我们没有足够智慧，告诉数千名员工在特定的情景下应

> 该如何行事。我们不可能告诉数千名员工如何接电话。我们甚至不会试图这样去做。我们要做的是，让员工认同这些简明扼要的组织目标。然后我们给他们自由，让他们选择合适的方式去实现这些目标。这样，他们可以为顾客提供最佳服务、最佳解决方案，以及最大价值。我们竭尽全力释放员工的创造潜能。

在基普的头脑中，毫无疑问，基础原则引领公司实现了更高生产效率，也使顾客、员工和供应商更愉快。

很多公司会出现这样的不妙情况：人们往往看到或注意到类似的指导原则，但在日常运营中，这些原则并没什么影响力。康泰纳公司的情况却不是这样，因为这些原则确实是公司的基础。

> 你可以走进一家店，问我们的员工："基础原则确实在指导你们所有的经营行为吗?"我想，你肯定会得到肯定的回答。这些原则并不只是墙上的字，我们的员工一直在谈论这些。有这些原则指导人们行事，要比老板一直在旁边指手画脚强得多。

在公司会议上、内部沟通中，这些原则频频受到称赞。这样做鼓励员工根据这些原则开展工作。因为清楚说明了公司价值观，并定期予以强化，所以企业文化持续得以加强。这些价值观激励雇员互相支持，努力提供与众不同的、令人称赞的顾客服务。

为了构建成功的组织文化，从事贴现票据业务的嘉信理财公司（Charlie Schwab）也需要追求非凡的客户服务。嘉信理财的组织文化也被正式定义为一套价值观，并且在公司内得到广泛讨论和传播。公司的“产品”实际上是一种更好的金融文化。要让客户满意，并赢得客户信任，那么为客户提供上佳金融服务就必不可少。

在20世纪90年代末，嘉信理财前CEO戴夫·波特鲁克（Dave Pottruck）带领公司实现了显著的增长。戴夫说，强有力的组织文化是嘉信理财快速扩张的重要驱动力，而且嘉信理财的组织文化构建目的明确，方法得当。

> 我们真正关注组织文化始于20世纪90年代早期。当时，我将领导沟通教练特利·皮尔斯（Terry Pearce）招入麾下，来帮助我提升领导技能和演讲技巧，并就我和查克（Chuck，即Charlie Schwab公司创始人）作为公司领导者应该如何行事出谋划策。特利非常注重组织文化。他让我明白，需要花心思关注组织文化。

戴夫感到，公司总会有自己的文化，无论是有意构建，还是自动形成，公司的企业文化都会出现。所以必须得先思考要什么样的企业文化，可以做些什么来构建它。

> 对我来说，企业文化超级重要，因为它和公司使命、价值观息息相关。那些正是企业文化的内容。只有通过公司使命、价值观以及员工行为才能将企业文化落到实处。
>
> 你要求员工每天怎么做？什么才是正确的做法？做决定

> 之前，他们必须先翻看一下手册吗？或者因为非常理解公司的价值观，他们知道如何做对客户来说正确的事。

作为嘉信理财公司的负责人，戴夫花了很多时间讨论、宣传并强化公司的企业文化。他将公司数百位高层人员召集到一处，目的就是确立一个有助于构建企业文化的公司使命。

整个周末他们都在讨论。随着讨论的深入，这些领导者希望嘉信理财公司每个雇员都能理解的六样东西渐渐明朗清晰起来。

> 这六条价值观指导公司的每项政策、每个决策，它们是公平公正、同理心、响应力、努力奋斗、团队精神，以及可信赖。
>
> 如果询问我们数千员工中的任何一位，他们对嘉信理财公司的价值观都了如指掌。这些价值观指导他们的日常工作决策。只要在工作中践行这些价值观，他们就是在实现公司和客户的最佳利益。

如果员工个人价值观和公司价值观趋同，那么员工会感到很幸福、很愉快。戴夫说，如果两者差距太大，员工工作时就不会感到快乐。没有一定程度的个人工作满意度，他们就不会按公司的要求做。

描述嘉信理财公司服务特色的六条价值观确立后，戴夫和他的团队便使一切变得容易起来。现在他们有了可以在全组织内与人们分享的东西。这些东西会帮助他们吸引具有相同价值取向的员工来加盟。

企业文化的另一衡量维度是看员工会待多久。我和一些广告公司以及客户打过交道，其中不少人已经在那里干了 10 年、15 年，甚至更长。当公司价值观与员工价值观趋于一致时，出现这种情况很自然，就像嘉信理财公司那样。戴夫详细地说道：

> 我们嘉信理财公司的员工流失率很低。实际上，我在嘉信理财公司任职的 20 年间，公司一度有数百位高级副总裁。所有这些人中仅有一位离职，去干金融服务行业了，他去一家初创公司担任 CEO。
>
> 有些人变富有后就不干了，有些人跟不上市场变化干不了了，我们不得不请他们离开。但是没有员工离职去为竞争对手效力。从来没有。我们从没有人投向竞争对手。

这就是强有力的企业文化的力量。它使志趣相投的人感到愉快，干劲十足，团结一心，共赴使命。

重承诺的企业文化

走进全食公司，你也许认为它并非最简洁的公司。全食公司的实体空间宽敞，有数千种食物。着实令你开眼的是，在每个角落、每个货架上都是它提供的新鲜、健康、天然的食品。全食公司创立了致力于更健康生活的企业文化。

全食公司强有力的文化让每个层面的决策与选择都简化了。它吸引那些同样热衷于更健康生活的员工，使他们团结一心、目标一致。同时，它还营造出一种使顾客产生强烈共鸣的店内氛围。

全食公司起步于 1980 年。当时只有一家店、19 名员工。现如今，它已发展壮大为拥有 400 家店、年营业额超过 150 亿美元的大公司。

2015 年，由于财务和竞争的压力，公司面临困境。尽管如此，公司从小到大的发展历程还是异乎寻常。

沃尔特·罗布（Walter Robb）是全食公司的 CEO，他将成功归结于公司简洁、清晰的使命宣言。使命宣言构成公司文化的基础，也使消费者非常愉悦。

> 我们追求的东西非常清晰、高雅。我们的食品决不添加人工香料、人工色素或人工成分。决不！决不！决不！这是原则。这一点如沙地画线，绝对清楚无误！
>
> 对全食公司而言，存在一个简洁的核心，那就是真理：逛我们的店时，你就是感觉好。你感到能量满满。这种感觉与你逛其他食品店不同。

数年来，一些分析师曾建议全食公司通过放宽食品选项（即放松标准）实现进一步增长。但是公司没有食言，仍然只出售对人和这个世界有益的食品。仅仅“多数时候是天然食材”不行。当公司价值观足够强大时，说“不”就不会难。

要了解全食公司的成功以及该企业文化的重要性，有必要追根溯源。

20 世纪 70 年代，人们开始追求更健康的食品。那时人们认为，食品加工过度，与其自然状态相去甚远。超市销售精制面粉、大米和白糖，以及很多冷冻食品。随着沃尔特这一代人成熟起来，一场可以说是回归原生态的运动兴起了。人们重新对自碾谷物、自制面包、自种蔬菜等产生兴趣。

公司诞生之际，全食公司就试图将健康食品至关重要这样的理念植入人心。公司努力向公众传播“全营养”食品对个人、社区以及地球更有益的理念。现如今，人们都在追求健康的饮食和生活方式，所以这个理念引起了更广泛的共鸣。

然而，从“好想法”到“好生意”是一个巨大跨越。沃尔特将成功归因于公司能围绕简洁使命建立自己的企业文化，一种激发员工、创造雇员参与感和满足感的企业文化。

> 我们的最大实力之一就是我们的企业文化。我将“企业文化”定义为：经过了长时间践行的使命。它是有生命力的、自由呼吸的事物。所有的伟大公司都拥有自己的企业文化。企业文化不能复制，你只有自己去创建。随着企业不断成长，你必须不断地投入，以悉心营造自己的企业文化。
>
> 全食公司有很强的目的感或使命感。我们的文化真正地建立在授权、合作以及创新的基础上。我们的前两个核心价值观是让客户满意、愉悦，以及让团队中的员工快乐。我们经常谈论员工和客户的快乐。因为如果我们让员工快乐，他们就会让客户快乐。两者密不可分。

我们都知道，在一个地方购物，有懂行的销售人员发自内心地热情帮助你，这会很令人愉快。只有公司尊重和授权员工，雇员才会有这样的行为。这种行为会培养消费者对店家的忠诚度。

为了培养员工的这种行为，全食公司构建了这样一种文化氛围：员工们感到他们不仅是公司的一员，也是公司使命的一部分。这至关重要。

公司管理人员与员工之间会有双向对话，对信息的透明度也颇为重视。公司全职员工对每年的收益分配方案有表决权。通过更多努力或更多周密安排而获得的额外收益，员工也有权分享。公司定期召集员工，让他们畅所欲言。会有些人与入职新员工进行对话。这些人常常是要与新员工共事的人。沃尔特说，这些都是出于授权、合作的考虑，而其核心是公司简洁的使命。

> 全食公司的企业文化属于分散智力文化。公司希望，通过创建一种授权的氛围，不断鼓励公司想要的员工行为。而实践起来也确实有效。我想，今天多数员工不想仅仅为了报酬而工作，他们还想追求更大的目标。他们想有这样的感觉：自己在改变人们的生活方式，也包括自己的。

在一些公司，价值观被高度规范化和制度化。但是，除非在公司内得到有效传播（如康泰纳公司和嘉信理财公司那样），否则公司价值观就会沦落为食堂自助餐厅墙上的装饰物。在全食公司，情况不是那样。沃尔特说，全食公司的价值观是“活”的，因为人们一直不断地在谈论它们。可以看到，这些价值观是实实在在的，因为管理层的决策都是基于这些价值观而做出的。

> 以公司使命、价值观和企业文化为抓手进行领导，这种简洁的领导方式蕴含力量。我相信，如果将它们用作组织的管理原则并持之以恒，则简洁就可达到更高层次。这样做，既简明又有力。全食公司做到了。

对多数商界领导者而言，构建企业文化是一种挑战，但是这样做可以使公司聚焦于同一的企业文化。然而，有些公司却不能享有“同一”这个奢侈品。对它们而言，构建企业文化需要付出特别的努力。

企业文化是黏合剂

如果公司内同时存在几种独特文化，想象一下创建聚合的企业文化的情形吧。艺电公司（Electronic Arts，简称 EA）是电子娱乐游戏制造商。此公司就面临将数个不相干的文化聚合起来的挑战。

EA 首席运营官布莱恩·奈德（Brian Neider）解释说，因为当今电子游戏是技术与娱乐的组合，所以尽管工程师和艺术家正常情况下毫无共同语言，但 EA 还是必须将他们聚拢到一起。EA 依靠其企业文化，鼓励他们互动交流，从而使他们之间产生了协同效应。

布莱恩说，使情况变复杂的是，在并购中，公司又吸收了几队人马，他们来时都带有自身独有的文化。

> 擅长体育游戏的那一帮人，跟制作《战场》和《西姆

> 斯》游戏的团队很不一样。我们可以寻找他们的共性，但在制作游戏时，他们却需要解决各自面对的独特问题。要做到化繁为简，太难了。

这比较费事，但最终公司达成共识：支持公司的整体价值观，同时尊重各个小群体已有的价值观。

> 我们努力让 EA 文化渗透到公司每个角落。我们努力找寻差异背后的共同之处，然后对伟大的娱乐作品进行褒奖和赞美。

公司目标是：要让员工感到，虽然多个小团队在创造各自独特的娱乐游戏体验，但它们身处同一个大团队，拥有同样的愿景。实际上，和 EA 一样，许多公司也面临类似挑战。公司有不同部门、不同办公地点，它们彼此之间几乎没有互动交流。

在这样的公司，强大的企业文化是为员工营造出“我们”感觉的黏合剂。

文化助燃公司使命

使命推动公司前进。但是只有坚实的地基，不能确保建成一个美丽的家园。同样，只有清晰明了的使命，也不能确保企业取得成功。

要让公司使命真正产生意义，就必须激活它、传播它，并让员工拥护它，所以企业文化才如此重要。企业文化是推动力，它推动公司使命从概念转化为现实。

强有力的企业文化会反映公司的价值观，并强化这些价值观。它会授权员工，使他们在独立行事时，仍会致力于实现公司更大的目标；它会凝聚员工，使公司能有效应对复杂情形。

坏消息是：在这个世界上，企业文化复杂的公司数量要远远多于企业文化简洁的公司。复杂的公司会形成藩篱，这些藩篱常常会将那些试图改变复杂局面的人挡在外面。

好消息是：复杂局面不会永远存在。虽然似乎几乎不可能，但企业文化可以改变，也真的会改变。对于创建简洁的企业文化而言，你越努力，它就越简洁。

THINK SIMPLE

第 3 章
简洁离不开领导力

也许是因为简洁看上去比实际更容易做到，或者简洁之道似乎显而易见，许多公司便理所当然地认为，简洁会自发产生。

简洁从来不会自发产生。如果没有倡导者，简洁完全敌不过让公司陷入困境的复杂力量。幸运的是，世上不乏简洁的倡导者。

他们是商界领袖，善于透过简洁的视角洞察他们公司的方方面面，并想方设法使公司的行动更敏捷、响应力更大、运转更有效、竞争力更强，而且在市场中拥有更重要的地位。

他们将睿智和常识以独特方式结合起来。他们既是业内专家，同时也非常了解人们行为背后的驱动力。

即便如此，领导者的个人风格各异，将简洁引入自己公司的方式也可能不尽相同。有的自上而下进行管控，有的更具合作精神，有的是两者的结合。本章考察能让越来越多商界精英走上简洁之道的一些理念、行为以及个性。

授权而非控制

罗恩·约翰逊从零起步，成功运营苹果门店 11 年。其间，他花了无数时间与乔布斯一起共事。罗恩发现，与许多公司领导者相比，乔布斯有一些截然不同的个人特质。

首先并且最重要的是，乔布斯了解很多事情，但也知道自己并不是样样精通。乔布斯在这个行业里长大，很小的时候就经验丰富，具有得天独厚的优势。但是，对于不得不面对的任何挑战，或需要任何建议时，他唯一做的事情就是拿起手机找人寻求建议。他能采用世上最聪明人的建议。罗恩说：

> 乔布斯想进入零售业时，他可以跟米基德·雷克斯勒(Mickey Drexler)① 交谈。如果想与世界级设计师谈话，他就能打电话找 LVMH 公司②的领导者聊一聊。如果有人说史蒂夫·乔布斯来电找你，谁会不愿意接呢？乔布斯具有不可置信的巨大影响力。这种影响力只有经年累月才能获得。
>
> 很少有人具有这样的优势。比尔·盖茨曾有过。如今，其他一些年轻领导者将来也会有。但在年轻时就有如此影响力，实属罕见。

当然，每个上市公司都自己的董事会。设立董事会的目的，

① J. 克鲁公司（J. Crew）的总裁及 CEO，GAP 公司的前 CEO。

② 该公司是拥有 70 家“大房子”的独特的奢侈品公司，每座“大房子”都为奢侈品市场的重要领域创造高品质产品。

就是为了使公司能获得各个领域专家的合理建议。但是在创新行业，如果乔布斯想和地球上任何人联系，他几乎都能做到，事实证明这是一个巨大优势。

乔布斯的丰富阅历也使他明白自身能力的局限性。

> 我认为，乔布斯慢慢意识到，他必须聚拢一些人，帮助他创建一种企业文化，因为他没有必要事必躬亲。

苹果前营销总监史蒂夫·威尔海特谈到乔布斯有效领导的另一个特质：他前一刻可以高屋建瓴、高瞻远瞩，下一刻可以着眼微小、关注细节。

> 并不是说他在搞微观管理。他是在显示一种天生的好奇和兴趣。我曾与一些具有标志性的、令人称奇的 CEO 共过事，但从未见过有人像乔布斯一样，拥有强烈的好奇心和广泛的求知欲，以及对几乎所有事物的每个细微之处都充满热情。

正是这样。与乔布斯共事时，我从未觉得他在进行微观管理，我们的营销团队也有同感。我们感到，他关注我们，很想与我们分享他的想法和见解，也可能由于某人有力的表述而动摇自己的想法。

最令威尔海特印象深刻的是，乔布斯热情参与讨论。虽然他似乎不可能有时间参与进来，但他仍抽时间参与。乔布斯与乔尼·伊夫（Jony Ive）会整日整夜地泡在设计工作室，为某产品的外观曲线或者触摸键的质量而劳心费神。可能很少有 CEO 会如此关注细节。还是那样，他从不对乔尼指手画脚。他只是热情参与讨论与研发。威尔海特回忆说，确保每处细节都完美无缺，这是乔布斯的激情所在。

> 与乔布斯共事绝非易事，但催人奋进。他的思维宽度、领悟不同概念的能力、给人以极致体验的激情，这些特点无任何其他 CEO 能及。

我和乔布斯共事的经历也是如此。我常常讲到我们广告部制作平面广告和电视广告的几个故事。可以说，在这些故事中，乔布斯没有一次命令我或部门其他人做这做那。他喜欢参与讨论，表达自己的想法，而这些讨论的结果常常是更精彩的广告。作为广告的最终拍板人，他就是想要参与到制作过程中。乔布斯参与讨论无疑使事情更简单，因为这样就不需要层层征求意见和批准，这些层级的人也许不具备大视野、大格局。

乔布斯喜欢用保持一定距离的电子邮件方式参与讨论。收到邮件，他会在几分钟内回复。考虑到每天他肯定会收到许多邮件，能这样快速回复，一直令人称奇。他坚持亲自处理邮件，而不是让助理甄别出重要邮件给他看。

他不会回复所有邮件，但是他心里是有章程的。如果他认为客户邮件值得回复，他就会很快去做。如果读到好点子，他可能会将邮件转发给自己圈子里合适的人，此人或是苹果公司内部的，或是外部的。（有律师恳求他绝不要采纳主动提供的意见，以避免复杂的法律纠纷，但收效甚微。）我有时会收到他转来的关于广告话题的邮件，他会问类似于“你认为这个怎么样?”的问题。有人曾向他指出，“不同凡想”（think different）语法有问题。他也许会说，“请回复此人。”他并不指望你一定会回复，只是想让你将此事解决。

沟通，特别是类似于乔布斯与公司内外部的沟通方式，既可以使事务明晰，又能授权员工。因此它是实现简洁的有效工具。

即便如此，信奉简洁的领导者知道，仅仅信奉简洁并不足以在商界取胜。同样重要的是，领导者要承担起抵御复杂化的职责。

做化繁为简的主将

总部位于悉尼的麦格拉斯房地产公司CEO约翰·麦格拉斯认为，他的责任是消除和抵御复杂化。

约翰的成功秘诀之一是：在商业企划书中剔除复杂的内容。他坚持认为，所有商业企划书都要回归本质，要尽最大可能做到简洁。

> 我不喜欢任何超过一页的企划书。应将所有内容进行精简。简洁呈现的过程就是将层层复杂的内容、借口，以及不必要的、无效的辩论剔除的过程。

复杂化容易，简洁化比较难。将房产信息介绍给潜在客户的最有效方法是，将最重要的信息精简提炼出来。

关于提炼信息，约翰引用了苹果的例子。他说，史蒂夫·乔布斯那种“抽丝剥茧”获得纯粹而简明信息的做法很重要。

在约翰的思维里，做到简洁有很多途径。途径之一就是领导者要做好个人准备。对公司运营而言，领导者保持身体健康、思维清晰具有重大意义。所以，约翰严格遵循时间表。每天早上五点起床，第一件事是去健身房健身。约翰有一件事不做，就是不听或不看新闻。

> 看30分钟新闻就是吸收30分钟负面思想。我不看新闻已有五年。这就是我的简洁思维，从而消除负面东西。我会吸收30分钟正能量的精彩广播，不会去关注30分钟的世界负面新闻。

约翰喜欢花时间为公司做他力所能及的正面事情，比如赢得客户、招聘英才、培养团队、保持公司高水准等。

他也肯定了惯例的作用。约翰一度认为，惯例会扼杀创新，但后来他慢慢相信“惯例会给你自由”的说法。他会在时间表上注明用于开团体会议、进行一对一面谈、与客户见面等事务的规定时间。这就确保他拥有一些个人时间和空间，来思考麦格拉斯公司的创新事宜。

作为简洁的主要引领者，约翰设立相关准则，进行最终决策。在公司，人们可以就多数决策进行公开讨论，使决策在实施前得到检验。约翰总是把招募英才视为重中之重。他认为，如果不让这些英才在公司发挥积极作用，就是资源浪费。如果别人说得有道理，他就会改变自己的立场。他懂得，在讨论中，人们总归有种“他是老板”的心理，因此畏首畏尾。但实际上，也可以从中看出谁对自己的想法并不充满热情。

> 我的风格很直接，不了解我的人可能偶尔会认为我这样很蠢。公司团队成员了解我。他们知道，我就是想让他们尽快给我想要的结果。让我们开门见山，应对问题。

在麦格拉斯，会议通常简短而高效。如果有人扯远了，约翰可能会打断他。但所有人都很清楚，他并不是有意要伤任何人的自尊。实际上，约翰要公司员工知道，他真的很在意他们的个人成功和快乐。

> 我对你们感兴趣。你们不仅是我预算中的数字，也是有血有肉、会恐惧、会激动的活生生的人。你们知道，我在意你们；你们了解，我从哪里来；你们知道，我要所有人都成功。只有这样，我们才能专注于工作。

当然，公司创始人都会有一点儿毛病，或会耍手段，或喜怒无常。但是在约翰看来，一位睿智的创始人知道，他不可以轻视任何人，他应该努力帮员工提升自我。他愿意原谅员工的过错，前提是，过错是因大胆追求创新所致。如果员工不注重细节而引发错误，那么简洁的引领者就不会包容此类过错。

我很好奇，在麦格拉斯是否存在任何“恐惧因素”，人们是否会感受到绩效压力，或有被炒的风险。之所以对此好奇，是因为我做广告代理时，所在创意团队常常会说一些公司领导人好或不好的地方。哪些领导者待人温和，容易接近；哪些领导者冷酷，重结果，动辄炒人。如果没有做好应对冷酷领导者的心理准备，属下就会变得焦虑，而这只会使事情变得更糟。

约翰认为，制造恐惧没有好处。但他相信，简单明了益处多多。

> 我认为我们公司没有恐惧氛围。但是，有一点绝对明白无误：我们只接受优质的工作。我们不想听任何绩效未实现或质量未达标的借口。因此你最好把事情做好，否则会有麻烦。

虽然日常工作颇为重要，但约翰认为，领导工作与下列事宜的关系更紧密：公司战略方向，如何进行创新，如何跟世界其他地方的其他产业保持同步发展。

约翰提及了蒂姆·库克（Tim Cook）。蒂姆·库克经常说起苹果公司的自律，以及苹果公司每天对一些有趣的想法说“不”的情形。苹果公司是约翰心目中理想的企业。约翰想要创新，但非常有选择性。把业已了解的很不错的东西完美地实施，这一点同样重要。

> 我们必须对许多想法说“不”，只选择最佳想法，然后完美地实施。苹果只有为数不多的产品种类，但是这些产品成就了全球最好的企业。

如果问约翰是如何运营公司的，有人会说，麦格拉斯是一家“领导者驱动下的合作型”公司。约翰信赖管理团队的决策，但为了保持简洁，他牢牢地把持着公司。

再来看康泰纳公司。该公司 CEO 基普·廷德尔也认为，保持简洁是团队努力的目标。

沟通、协作和简洁

创建康泰纳时，基普·廷德尔决心一定要避免他在其他公司看到的问题：管理层与员工之间形成隔阂，员工感到没有被授权。与此相反，基普说，将沟通视为重中之重是他的领导风格，而且沟通不止于传统上意义上的沟通。

> 我们进行全方位的沟通，上层的、下层的、平行的。我们不设严格的等级界限。若有严格的等级界限，说此人要向彼人负责，那么我过问每件事情就都需要通过某个人。那样做，效率太低。

僵硬的组织架构使许多公司出现形式主义的氛围，这种氛围有违康泰纳公司的使命、文化和价值观。在基普看来，被强化的组织架构是另一思维模式的副产品。

> 一些家伙参加了第二次世界大战。战争结束后，他们开始经商。他们觉得，军事化管理方式很适合企业经营。也许军事管理模式在部队管用，但用于企业那太糟糕了。

从公司的开会方式和频率上，人们可以领略它的企业文化。比较肯定的是，此书提及的偏爱简洁的商界领导者，都喜欢较为随意的工作氛围。“少开会、多做事”是他们共同的目标。

作为公司领导者，基普对公司会议只提出了一项规矩：要高效利用时间。拟定会议议程是提高开会效率的好办法，而且与会者应积极出谋划策。

他的领导风格中并不包含“恐惧因素”。基普尝试营造这样一种氛围：员工觉得可以自由分享新想法，并相信自己的想法会受到重视。

> 我不想让公司过于依赖我，也不想让公司过于依赖其他高管。
>
> 我想，如果公司领导人同时也是公司创始人，这比较便于领导。但是这种情况下，领导者需要退后，以确保不让公司对其过于依赖。在我喜欢的那些公司，领导者会允许才华横溢的员工拥有自己的想法。

在康泰纳，人们在工作中密切协作。这种工作氛围有益于公司成功，这有目共睹。

> 刚创业时我们仅有 3.5 万美元的资产，而现在公司市值达 20 亿美元。这种协作的工作氛围并非完美无缺，但相比其他方式，它确实好得多。

基普之所以如此热衷于团结协作，很大一个原因是，思想碰撞后能产生有趣且有吸引力的点子。当基普把公司副总裁们聚到一起解决问题，进行创造或创新时，他是在动用“全部脑力”。每个人对公司都有很棒的但不同的见解。基普说，将这些见解和才能汇聚到一起，就可以成就一番大事业。

> 协作能给组织营造赏识、关爱和自豪的氛围。你和许多聪明人一起共事，你在感受他们的所思所想。相互协作的群体是多元文化的群体，而这是公司多元化的体现。

如同许多人体验到的，协作也有风险。人们的想法可能五花八门，战略的制定也可能充斥着妥协和退让，结果就乱象丛生。然而，基普却认为合作具有简洁的力量。基普领导着一个大公司，公司需要拥有不同才能的员工。合作的氛围给这些人提供了机会，让他们可以从各自不同的专长中彼此获益，并专注于自己的目标努力工作。

在康泰纳公司，协作的氛围并未使公司陷入复杂的困境。原因在于，团队成员拥有共同的强有力的价值观，而且拥有受使命驱动的参与协作过程的公司领导者。

求索（SEEK）是一家总部位于澳大利亚墨尔本的网上招聘信息提供商。对于协作的力量，公司合伙创始人安德鲁·巴萨特（Andrew Bassat）与基普的看法相似。

1997 年，安德鲁和他的兄弟保罗创立了求索公司。当时，他们意识到，“互联网这个东西”将会颠覆传统的求职方式。当时求职信息似乎停留在分类广告这种方式上。

通过协作式领导风格，安德鲁使求索成长为国内及国际重要的网上招聘信息提供商。公司市值达 40 亿美元，运营范围覆盖新西兰、中国、东南亚各国、巴西及墨西哥，公司网站每月的总访问量达 2.75 亿次。因求索的成功，公司领导人安德鲁于 2013

年在由安永公司（Ernst & Young）发起的评选中荣获“澳大利亚年度企业家”的称号。

安德鲁和他的管理团队频繁碰头，反复讨论和改进一些想法。开会时人们受到鼓励，对一些想法进行辩论，以达成共识。

> 辩论是个不错的方式。就交谈而言，没有谁是神圣不可侵犯的。没有人认为我在下达不可置疑的命令。他们可以质疑任何东西。我们会挑战彼此的战略思想。你来我往，你辩我论。如果你说这里有问题，那就解释为什么。
>
> 如果有人不能很好地回答我的问题，他们就需要改变想法，或过段时间再给我更好的答案。这种方式使双方都受益匪浅。

当团队达成一致，做出决策时，那它就不再仅仅是某个人的想法了。团队就决策内容已进行了热烈的讨论，辩论结束了，这个决策现在属于整个群体了。这是一个开放的过程，它使所有参与者都理解了这一决策的道理。

在所有开诚布公的辩论中，会议室里的分贝都会提高。尽管有些人对批评意见很在意，会为自己辩解，甚至会发火，然而这对公司的成功很有益。有些人会认为，自己足够睿智不必与他人协作。安德鲁发现，正是这些人常常出错。

如果公司要启动新项目，安德鲁会这样做：

> 如果某事需要我参与决策，我会鼓励人们在决策早期就告诉我他们的想法。不要先花上三个月时间跟整个大团队一

起研讨，然后将最后的成品带给我。要告知我想法，我们来决策，“对，这个合适。”然后再去完善细节。

领导者在决策过程的早期阶段就参与进来，这是简洁最尊崇的原则之一。要求决策团队花数周或数月时间先研讨，然后再由领导者来拍板，这种方式会给人挫败感（还浪费人力、物力）。但是，许多公司就是这么干的。

领导者简单交代几句，开启决策过程。在决策过程的某个阶段，领导者可以给些反馈意见。这些做法对决策团队来说极其重要。对领导者而言，参与决策过程给他提供了亲自与员工互动、强化公司价值观、对公司内不同群体施加影响的机会。当人们亲耳听到领导者表达想法时，挑战就不那么难以战胜。

根据多数衡量标准，求索公司都不能算是小公司。然而，人们仍会这样想：在通往简洁的路上，更大的公司会面临更大的困难。

更大的公司肯定有，但挑战并非不可克服。

科技巨头的简洁（或不简洁）情况

在《苹果故事：乔布斯的简洁之道》一书中，我对英特尔公司过于复杂的市场营销方式持批评态度。在苹果的广告代理公司干了数年，并推出“不同凡想”宣传活动后，我加盟了英特尔的广告代理公司，担任创意总监。这种过渡往小了说不太顺。我颇受煎熬，因为会议没完没了，研究没完没了，修改没完没了，而且还得应付多重审批环节。所有这些做法都是弊大于利的。

我脑海里会不由自主地将英特尔的方式与苹果的简洁方式相对比。在苹果，公司强调创意重于流程，公司结构扁平化，而且最终决策者直接参与决策过程。在我来到英特尔参与营销工作的几年内，公司显现出一种独特的特点，在简洁化的同时，又自毁其果。

从正面看，英特尔公司授权主管营销的副总裁。该副总裁精简了市场营销活动的流程，并与英特尔的广告代理形成了积极有效的合作关系。几年后，人们清楚地看到英特尔的广告品质更高了。之前，英特尔广告中会出现怪异的形象，如卡通外星人、身着洁净西装跳舞的工人。现在，广告更多叙述人类生活故事，讲述英特尔的先进技术的故事。他们甚至放弃了数十年来在每个广告结尾时都会出现的英特尔钟声，并用真人合唱取而代之。英特尔确实体现出作为技术领军者的魅力。

在 2013 年，布莱恩 · 克兰尼克（Brian Krzanich）接任英特尔 CEO 一职。通过一系列旨在变革的指令，克兰尼克要求公司减少繁琐流程，缩短完成任务的时间。他提出的“速度完胜”的理念跟以前英特尔的理念大不一样。

之前，英特尔用太多时间研究不同选项，对其进行测试和调整，然后再测试、再调整。对此流程重新审视和调整后，英特尔公司变得富有创造性，并能跟上高科技产业的发展步伐。

克兰尼克要求员工理解速度与速率的区别。在克兰尼克看来，速度意味着快，而速率意味着朝特定目标快速前进。他说，英特尔需要聚焦后者。管理层要清楚公司往哪里去，然后带领公司快速、有力地朝着目标前进。公司强调速率这个概念，激励了员工，使他们简化流程，旧有的产品研发的时限被缩短。

这一切看来都很正面。然而，对于营销方面的工作，克兰尼克未能做到简洁化。事实上，他采用了在许多大公司司空见惯的做法。作为全面改革整顿的一部分，克兰尼克将负责广告的副总裁换成了自己人。

不幸的是，公司改革时受命的多数高管感到，无论自己部门是否需要变革，都不得不变。就这样，关键营销岗位上的人员突然离去，新配置的团队不得不基本上从头再来。这绝非最简洁的做法。

结果是，英特尔在营销方面又重蹈覆辙。广告创意无新意。一直到此书出版时，英特尔的广告仍在不起眼和不出色之间徘徊。

IBM 是在速度和复杂之间纠结的另一科技巨头。其计算机产品本来就复杂。但是，2005 年 IBM 一举上演了商业史上化繁为简最具戏剧性的一幕。

为聚焦公司强项，将利润率低却大量耗费公司资源的产品线去掉，时任 IBM CEO 的郭士纳（Lou Gerstner）决定砍掉 PC 机事业部。此举令人惊讶，因为之前若干年 IBM 一直是 PC 机革命的驱动力。

但岁月流转，随着新 PC 制造商的出现，以及重要的 PC 制造商无情拉低价格，IBM 的 PC 事业部的利润大幅下滑。

郭士纳大胆搞简洁化。他认定，如果 IBM 出售 PC 机事业部，将资源投向企业服务领域，IBM 就会有更好的发展。结果，此举之后，IBM 多年一直保持高盈利。但是最近由于令人质疑的一揽子金融战略，公司举步维艰。

我与史蒂夫·米尔斯（Steve Mills）聊过 IBM 领导风格的问题。史蒂夫·米尔斯是 IBM 的执行副总裁，负责软件和系统工作。他负责管辖遍布世界各地的十万名员工，其软件业务的年营业额达 400 亿美元。

史蒂夫谈到了人们都看得到的情况：IBM 不是苹果。苹果历来是由个人在驱动公司发展。IBM 的企业文化则不同，它践行团队运营模式，而不是个人运营模式。然而，就决策和推动组织前行而言，领导力仍然重要。史蒂夫谈到领导 IBM 的情况时说：

> 在驱动组织向前发展时，个人特性和个人意志不可或缺。这很重要。必须有人做决策，因此你得有决策的意愿。

因为 IBM 不可以止步不前，所以史蒂夫也表达出类似英特尔的布莱恩·克兰尼克的感觉。他说，与完美相比，速度有时能带来更大利润。在软件和系统上，IBM 每年花费超过 60 亿美元用于研发。IBM 设计的软件，是为迎接全球范围客户的挑战。对史蒂夫来说，他要做的并不是推销简洁，而是拥抱复杂，及时向客户交付解决问题的方案。

> 在解决很复杂的、高性能的计算处理业务方面，我们非常厉害。现如今，我们支持世界范围内运行的交易系统，无论是银行系统、金融系统、数据交换系统、信用卡公司系

统、保险公司系统，还是航空订票系统、航运公司系统，这份清单还在不断增加。我们并不逃避复杂情形。

但是注意，简洁的情况就要出现。在IBM的工程师为客户创建激动人心的有价值的东西时，史蒂夫指示工程师们要“让它更好用”。说得有点复杂，其实这就等于说“让它更简洁一些”。

总会找到更简洁的方式来设计电脑界面，呈现信息，让用户自在，以及管理员工信息。尽管IBM的初始方案或许较复杂，但是“让它更好用”这句话对消费者越来越有吸引力。那些寻找办法以解决企业复杂难题的人，也会对简洁要素持积极看法。

显然，英特尔和IBM不是简洁的公司。情况正好相反。它们在扩张，日益成为高度组织化、高度流程化的全球化公司。然而虽然它们的运营必须复杂化，但可以看到，当它们的领导者寻求简洁时，公司仍可从中受益，即使是以某种变革化的方式。

在本书后面部分，我会谈到这样的一些公司领导：他们的公司属于面向消费者的大型金融和电信公司。为了解决复杂局势，这些公司历来的做法是裁员。但最近，他们找到了一些办法来解决多年积累的根深蒂固的复杂情况，其结果令人吃惊。

但是，让我们先看看另一类公司的情况。这些公司较小一些，比较灵活，而且富有冒险精神。它们已经很简洁。这些公司的领导者如何确保复杂局面不会在公司生根呢？

创业公司如何在成长时保持简洁

在回顾早期职业生涯时，我们许多人都会想：“那时事情更简单。”由于现在可以说了，所以我承认，在职业生涯早期，我的创意团队午餐时真的会去看电影。这午餐时间够长的。我想不起来我们如何能这样而不被发现，但我确实清楚，那时一切都比较简单。

与此相似，拥有上千雇员、业务遍及许多不同地点的公司也会回顾过去，想念那段更小、更专注、管理层级和流程更少的岁月。

问题是，创业公司的领导者如何引领公司，使其在发展壮大时，仍然保持简洁的优势。成功令人陶醉，但它也会开启复杂化的大门。

我对创业公司的动态充满好奇，这促使我与在线票务公司StubHub的合伙创始人杰夫·弗勒进行了交流。杰夫自己亲历了公司由小到大的发展历程。

谈到个人亲自参与项目团队的话题时，杰夫的态度与求素公司的安德鲁·巴萨特类似。如果是首创的重大项目，或者需要大量投入的项目，杰夫绝对要以最终决策者的身份介入其中，而且在早期就要参与。其他情况下，他乐于让项目团队自负其责。人们很快意识到“这儿的方式就是这样的”。对杰夫来说，这很重要。通过让项目团队承担更多责任，他培养了手下人一些重要的能力。随着公司越来越壮大，这些能力越来越重要。

在StubHub，看到员工自主展开工作，杰夫心满意足。他认为，成长中的公司员工就应该这样：积极主动。

我记得，有很多次公司新开发了什么东西，我真的很兴奋。我事先甚至都没有意识到会这样，就好似“哇，这是我们公司干成的吗？好酷。”

在我的记忆中，随着公司逐步壮大，我是惊喜连连：项目团队取得了成就，产品添加了新功能，有了新的合作伙伴。我从不记得为了什么事而动怒，或因某事而心绪不宁。

项目团队决策时，杰夫会给予他们足够的自主，不让员工意识到他们之间存在等级差异。他鼓励员工自主决策，必要时再找他协商。

跟StubHub的早期情况相比，这是个大的思路转变。这种转变的原因是，随着杰夫的年龄越来越大，他变得越来越睿智。想当初，杰夫的管理更多属于微观管理，头脑里装的都是一些细节。他那时还没有成家，所有心思都扑在工作上。

由于杰夫事无巨细都要过问，他手下员工开始有意见了。他们说：“杰夫，你太咄咄逼人，你管得太细，我不喜欢这样。”现在，杰夫很感谢公司员工当时的坦诚，正是这些话让他决心授权员工，给予他们更多责任和自主。杰夫相信，这有助于公司简洁化管理，因为这样做使手下人聚焦于工作，减少不必要的会议。杰夫说，现如今，公司依然采用这种方式。

也许我有点过于放手。但是，我个人认为，这样我就被解放出来了，因为能干的员工在做事，我自己就不必做了。他们能成就很多，而且坦率地说，在专业领域，他们比我要

> 强得多。他们有很多很棒的想法。如果授予员工足够自主权，他们就干得特带劲，更有主人翁的感觉。

大多数经理人员会同意说，让员工有主人翁意识是好主意。只是，在那些饱受复杂困扰的公司，授权更多时候只是一种理想，而非现实。杰夫相信，这种主人翁意识对创业公司的成功特别重要，它有助于保持公司运营的简洁化。在这种氛围下，员工会变得热情饱满。它将员工从复杂的流程中解脱出来，使他们更具创造力，更乐于成为团队的一员。

> 我并不是说，自己现在是最佳管理者，我有时还是会管得太细。更多时候我仍然是一个企业家而非管理人员。但是我看到了赋予员工责任的益处。我尽可能授权管理人员，让他们可以自主决策。需要我拍板时再进行最后的定夺。

杰夫是最终决策者，这毫无疑问。他参与重大项目决策。但通过授权给下属，他找到了简化内部流程的好办法。

杰夫最不能容忍的就是由委员会管理事务。他认为，想让五人委员会试图达成一致，其过程缓慢，令人痛苦。许多简洁实践者也颇有同感。

> 在 StubHub，每周都召开营销会议、业务发展会议，以及管理层会议。这些会议都速战速决。我不喜欢过度分析、反复思考。那就是浪费时间。如果你经营的是一家高科技公司，那么时间就非常重要。
>
> 你可以用六个月做一个完美决策，也可以用六天做一个

上好决策。人们可以选择用六个月协商出一个完美决策。但是，到那时，一切都没有意义了。你得快速决策，然后快速行动。

跟英特尔公司的CEO布莱恩·克兰尼克一样，杰夫也推崇速率，即向着特定目标快速前行。

我们听到几位拥护简洁的人说合作有益。他们相信合作有利于支持公司简洁的使命和文化。领导者紧紧掌控公司，但他们也依靠其他人的参与，来达成并实施重要决策。

然而，不少受访者感到，自上而下的领导方式是最直接的简洁之路。我们看看他们的一些做法，然后判断：在你看来什么最奏效？

简洁始于高管

澳大利亚西太平洋银行（Westpac Bank）的CEO布莱恩·哈特兹（Brian Hartzer）是自上而下领导方式的积极倡导者。

西太平洋银行完全可以说是澳大利亚历史上的第一家银行。2015财年，它是全澳体量第二大的银行，拥有资产5 680亿（以美元计）、3.2万名正式员工、1 429个分理处。

因为布莱恩面临的挑战很复杂，所以他非常相信简洁的力量。他办公室里仅有一个书架，书架上仅有四本书。每一本书都是简洁的不同体现。

布莱恩说，领导者可以简化管理的最重要的方法之一是，积极参与重大项目。他的想法跟本书前面提及的其他人的想法不谋而合。他认为，如果领导者参与项目流程，事情就能得到极大简化。他会依赖团队力量创造性地解决问题，但他的亲自莅临指导和支持会提高团队士气，使其创造佳绩。

> 如果要我对简洁化做一个总结的话，我的心得就是，自上而下的领导方式非常重要。因为我们许多人都习惯了团队协作，让员工参与以获得支持。许多管理流程（特别是在一些大公司中形成的）将人人都有平等的发言权作为几乎每件事的出发点。什么都应通力协作。所有事务都由委员会进行有效筹划。

反思西太平洋银行完成的最成功的项目时，布莱恩发现，这些项目都是他亲自进行指导的项目。在西太平洋银行，许多人会提出自己的想法，当领导者参与项目时，员工就积极活跃起来。这样做有聚合作用，员工就不会分心。

例如，布莱恩谈到了西太平洋银行的核心业务——房贷。审查完初始房贷流程后，他发现，房贷申请成功要花数周时间。布莱恩要求团队缩短这一流程。他相信，此举将会提高客户满意度，从而促进房贷产品的销售上升。

有一次，布莱恩参加了运营和工程团队的研讨会。他得知，他们在谈论被称为“一站式贷款”的业务。团队对这个新概念倍感自豪，但布莱恩却有不同看法。

> 我想，这个做法吸引力还不够。我说，“让我们设计一

个60分钟的贷款流程。得想办法在这段时间内完成抵押贷款。”团队听到后炸了锅。但我觉得，就得60分钟内完成贷款流程，否则就没有吸引力。

我接着说：“既然这样，不妨再搞一个10分钟完成的二次贷款业务吧。”

二次贷款业务，即当你偿付部分房贷后，可以再申请追加贷款，用于新的用途，如房屋修缮。奇怪的是，与申请首次贷款相比，申请二次贷款的时间要长得多。

团队立即投入到研发中。很快，西太平洋银行就推出了60分钟房贷和10分钟二次贷款业务。这两款产品都非常简洁。试行显示，两款产品对顾客都非常有吸引力。

对我来说，简洁化的关键要素是：公司自上而下都非常清楚公司的目标和价值观。对于正努力解决问题的团队而言，此价值观能使他们凝心聚力，提出创新性解决方案。

对于自上而下领导方式的重要性，不少企业领导人表达了相似的感受。他们特别看重这种方式对简化程序的影响。

现代信用卡公司的特德·郑相信，如果不采用自上而下的领导方式，公司的转型和变革就不会实现。而且他相信，领导者驱动型公司往往更成功，即使他们并非处于危机模式下，也是如此。特德说：

如果只想成为一家不错的公司，你可以采取领导者驱动型，或团队协作型管理方式。但是，要成为一家伟大的公司，你需要一位优秀的领导者，以及自上而下的组织管理模式。

格兰富公司（Grundfos）是一家颇具吸引力的公司，其总部位于比耶灵布罗，离丹麦首都哥本哈根约三小时车程。公司致力于有效利用世界上最珍贵的资源：水。格兰富公司设计并出售水泵。它绝非小企业，在全球它拥有1.8万名员工，年销超过1 200万套水泵。

格兰富公司的CEO尼尔斯·迪尤·延森（Neils Due Jensen）坚信，自上而下的管理模式能保持公司简化运行。他认为，想方设法简化运行，这是领导者面临的挑战，也是公司发展前行时保持简洁运行的最有效方法。

> 广开言路很重要，但沟通的桥梁需要船长做主心骨。你不需要十个船长来指出公司必须朝哪个方向航行。史蒂夫·乔布斯让手下人告诉他走什么航线，但最终决策者是他自己。

尼尔斯关于领导者要重视简洁的想法不无道理。这样的领导者受愿景、品位、胆识，以及常识所驱动。

作为格兰富公司创始人的儿子，尼尔斯知道，公司创始者（或拥有者）与受雇于公司的经营者有所不同。如果你既是公司拥有者又是经营者，你就敢于冒风险。如果所冒风险未带来回报，你会承担责任，接受批评。从外部聘来的高管一般不愿冒风险和大胆决策。他们更倾向于自我保护，使管理掺杂进复杂的元素。清晰、果断的方式会被模糊、过多讨论的方式所取代。

这是否意味着，外聘的领导者在推行简洁化管理方面注定会失败？一点都不会。以上论述只意味着，如果外聘的领导者行事小心翼翼，就难以实现简洁化领导。干这份活的人行事时有必要果敢些。

在尼尔斯看来，大型公司面临的挑战是：构建一种组织文化，其领导者集果敢和常识于一身，能做出一些艰难决策。其文化要让领导者感觉到公司对他的支持，否则面对风险决策时他们就会畏首畏尾，即使此决策是公司获得更大发展的绝佳时机。

2011 年，一家公司的外聘领导者被要求对公司进行重构，这样的戏码在相当大的舞台上演了，但故事结局却不怎么好。对所有崇尚简洁的人而言，这是个警示。

引领简洁化的失败案例：杰西潘尼（JCPenney）的故事

不幸的是，钟爱简洁并不足以扼杀复杂化这只猛兽。罗恩·约翰逊的曲折经历就是一个例证。

从前面内容我们得知，罗恩运用简洁之力将苹果零售店从概念变为现实。史蒂夫·乔布斯将罗恩招到苹果，因为他想要一个具有零售头脑、热情追求卓越的人。之前罗恩曾在美国标靶链锁百货店（Target）担任过副总裁职务，这样的工作经历使他成为乔布斯眼中的完美候选人。在罗恩的领导下，标靶公司从一个业绩平平的百货连锁店变得广受欢迎。（考虑到该公司的品质得到提升，许多人打趣地用法语的发音“Tar-ZHAY”来念这家百货店的名字。)

作为负责苹果零售店工作的领导者，罗恩取得了更大的成功。在此过程中，他声名鹊起。在他任职期间，苹果在全球范围内的重要地点创建了300多家零售店。这些零售店的建筑样式如梦如幻，室内设计优雅，零售人员对待顾客也很热情。

罗恩的职场经历对杰西潘尼极具吸引力。杰西潘尼是美国一家大型百货连锁公司，曾一度辉煌无比。2011年，杰西潘尼聘任罗恩为公司的CEO。罗恩钟爱简洁，这种热爱使他在苹果和标靶公司取得成功。然而在杰西潘尼，对简洁的热爱似乎从未见效。在他上任一年内，公司就损失近10亿美元。罗恩仅在杰西潘尼履职18个月就退出了。

在这个故事里，我不仅是谦恭的叙述者，也是见证者，或者在你看来，也是同谋。罗恩受聘来到杰西潘尼后，就招募了一些人，帮他重塑杰西潘尼的品牌和做宣传推广工作。我就是被称作“工作处”的七人小组成员之一。小组成员曾在以前共过事，拥有在苹果及其他著名公司进行品牌创立、广告宣传的经历。

杰西潘尼董事会聘请罗恩担任CEO，因为公司品牌形象需要重塑。实际上，美国百货商店这个行业的品牌形象需要重构。许多大牌百货零售店正受到互联网和顾客越来越钟情专卖店的双重冲击。不幸的是，杰西潘尼受到的冲击尤为严重。与梅西（Macy)、海恩斯 & 莫里斯（H&M）公司不同，杰西潘尼因被冠以“祖母商店”的形象而一蹶不振。很久以来，杰西潘尼举步维艰，停滞不前。为跟上其他同行，杰西潘尼动用同行使用的武器——

打折与发放优惠券——可进展并不顺利。

杰西潘尼始终有一个核心的忠实消费群体，但这些消费者事实上也是问题所在。打折和优惠券不起效，这些消费者买得不够多，销售数据达不到预期。如果百货店要保持长期盈利，就必须吸引到更年轻、更高端的消费者。

凭借罗恩耀眼的履历，杰西潘尼认为他可以拯救杰西潘尼。华尔街也非常看好他。罗恩到任的新闻一经发布，杰西潘尼公司的股票就上涨了 17%。

该干事了。到任后，罗恩发现杰西潘尼店内胡乱地摆放着一些商品，其中大部分商品要么不是最新的款式，要么没有最好的品质。没有真正的定价政策，只有降价、降价、降价。公司没有努力奋斗的未来愿景，之前振兴杰西潘尼品牌的尝试也不顺利。

所有人都期待罗恩提出鼓舞人心的愿景目标，期待此愿景不仅能提高杰西潘尼的商品销量，而且能为它设计出一条全新的、更具活力的、更吸引人的发展道路。

罗恩想到的就是大范围的简洁化。罗恩不想让顾客为寻找最优惠价格的商品而来回奔波，他决定取消打折和优惠券，实施每天低价策略；他不想让顾客很费力地在店里寻找“好东西”，因此他在逐步淘汰低质产品，而将款式、设计最受欢迎、最受人尊重的品牌引进杰西潘尼。

毫不奇怪，罗恩的最初计划基于他成功运营苹果门店的经验。虽然苹果门店里售卖的所有产品都可以方便地在网上购得，但苹果门店总是人头攒动。其原因在于：苹果门店提供的购物体验不可在网上复制。人们想去苹果门店试用产品，并向真正懂行的人咨询。许多人去苹果门店，就是因为它是个有趣的地方，可以在里面转转，上上网。

同样的理念将被用于杰西潘尼公司的重构。重构将关注消费者体验。罗恩的计划是：仍然营造一种无法在互联网或杰西潘尼竞争对手那里获得的购物体验。

罗恩从杰西潘尼的创始人詹姆斯·凯希·佩尼（James Cash Penney）那里获得了灵感。佩尼的销售理念是：尊重顾客。佩尼认为低价销售和玩营销噱头不值得推荐。他将公司开的第一批店命名为“黄金法则”，因为他的信条是：你希望别人如何对待自己，你就应该如何对待顾客。

罗恩的目的在于，在杰西潘尼倡导客户体验至上的理念，将其作为公司运营的核心。罗恩不仅将世界一流产品以颇具吸引力的价格提供给消费者，还禁止采用传统百货公司的营销手段，如为低价商品打广告，往电子邮箱塞优惠券。当然，消费者清楚，优惠券的折扣价并不“实在”。之前，店家玩的游戏是，先提价，然后在一周后叫出“四折”的价格。相反，在面貌一新的杰西潘尼，一切均以尊重消费者为出发点。

在纽约市的一个码头，杰西潘尼举办了一个大型活动。面对众多被邀请的业内分析师和记者，罗恩揭示了他为杰西潘尼公司设计的发展愿景。第二天，华尔街的反响很热烈，杰西潘尼的股价又上涨了 24 个百分点。

业内专家都充满信心。罗恩已准备好大干一场。简洁化又要赢了。杰西潘尼已经购好车票，要向全新的未来进发。

然而，事与愿违。

快速推进 18 个月后，由于尖刻的负面评论和巨额的亏损，罗恩和杰西潘尼的关系破裂了。

要知道罗恩是个容易相处的人。他的性格和他的前任老板史蒂夫·乔布斯相差十万八千里。罗恩喜欢撸起袖子与一帮人一起，讨论出创造性解决方案。与下属进行诚实互动交流时，他得心应手，就像在苹果公司那样。

然而，在苹果公司，罗恩是从零开始构建工作团队的。而在杰西潘尼，罗恩进入的是一家百年老字号，这里等级森严，罗恩没有彻底摆脱掉这些羁绊。他解释说，他选择在新老之间搞“缓冲带”。他想要为公司输送新鲜血液，带来新视野，但又觉得有义务留下老员工，因为这么多年来，他们将自己的职业生涯和家庭生计都寄托在了公司的成功上。

看看杰西潘尼的现状，罗恩很难与公司一些现有员工进行真诚的沟通。他后来回忆起一次与甲骨文公司（Oracle）联席总裁和 CFO 沙弗拉·卡茨（Safra Catz）就此问题进行的交谈。甲骨文公司曾收购了不少公司，包括仁科（People-soft）等。对于用全新领导方式去融合被合并的企业的原文化，沙弗拉是行家。她告诫罗恩，如果原公司的一些领导者不同意他的方式，他们很可能会用消极的攻击性行为毁掉整个改革转型计划。

试图在新老之间构建缓冲带的努力确实带来了一些令人不快的后果。公司内部在沟通方面出现了一些麻烦，人们很难达成共识。

与此同时，杰西潘尼公司的重建在向前推进。在快倒闭的位于达拉斯的杰西潘尼店的顶层，罗恩悄悄搞了一个可被视作标杆的样板店。在极具天赋的设计师和建筑师的帮助下，通过重构的体验性百货店，罗恩巧妙地将自己的愿景展示出来。罗恩及其团队所创建的绝对不是“祖母商店”。

样板店令人耳目一新。宽敞的通道将一些精品小店连在一起，形成一个村落。每个小店都陈列着一个流行品牌的商品，店内有懂行的专业人士回答顾客问题。有一家咖啡商店、一家糖果店，以及供顾客处理个人事务的电脑桌。在电脑桌旁，顾客甚至可以比较杰西潘尼和其他店家的商品价格。整个商店内设有多处咨询台，顾客可以咨询房屋装修、派对准备以及其他家事的问题。

从样板店走出来后，多数人都感到，他们看到了杰西潘尼百货店的重生。样板店既可吸引已有顾客，也为那些杰西潘尼想要吸引的更年轻、更富有的顾客提供令人惊讶的全新购物体验。

计划在逐步成形。可以看到杰西潘尼的未来在逐步呈现。不幸的是，有一个大问题在悄然发酵。这是罗恩自己造成的。他现在称之为“致命的瑕疵。”

大范围的实体店改造需数年时间才能完成。然而，罗恩急躁冒进，他取消了打折和发放优惠券的做法。虽然罗恩在愿景中提及的杰西潘尼的全新面貌以及售卖的全新商品要过一段时间才能兑现，但是他迫不及待地实施他重构计划的基石，即“每天低价”战略。

由于杰西潘尼突然取消打折和发放优惠券的活动，传统老顾客遭受损失，因此感到遭到了背叛，便纷纷不再去杰西潘尼购物。由于没有显而易见的吸引人进店看看的理由，店中年轻的购物者凤毛麟角。杰西潘尼遭受了双重的剧烈打击，从此一蹶不振。

后来，对杰西潘尼的重构计划失败，以及自己错在哪里，罗恩做了很多反思。

> 我认为，我们的发展愿景确实很棒。大多数人也这么看。但是，在执行过程中出现了致命的瑕疵，那就是时机不对。对雇员、顾客、董事会成员以及股东来说，我们的步子迈得太快了。

全面取消打折和发放优惠券的做法使得杰西潘尼这驾四轮马车沿着下坡一路下滑，局面失控。尽管新定价政策更为顾客的时间和金钱考虑，能带给他们优惠，但是数十年来，他们已经习惯了打折和发放优惠券的做法，虽然他们感觉这些做法有点自欺欺人。

> 我们本可以说，“让我们搞每日低价，但让我们同时保持发放优惠券的做法，让处于过渡期的顾客自己做更有价值的选择。”但我们没有这样做。我们的步伐太快了，因而失败了。

新定价计划造成损害后，许多批评家指出了显而易见的问题所在：缺乏调研。如果罗恩想知道消费者对变革有什么反应，他只需要问消费者就行了。为什么他不问呢？难道仅仅因为他是来自苹果的大人物吗？难道苹果不相信消费者调研吗？未做市场调研似乎是严重的过失。

他们说的也许是对的，但事后诸葛亮谁不会做呢。回想一下，杰西潘尼公司董事会的 11 名成员都是业内专家，他们当时都认可罗恩极具天赋的计划。华尔街也不例外。参加罗恩愿景发布会的业内观察家也很赞许新愿景。杰西潘尼公司的内部和外部几乎所有人都将这一点视为事实：消费者青睐诚信。但是现在要由 CEO 来承担责任，最终罗恩只在此位置上待了很短的时间。

我直接问罗恩：为什么没有做基本的消费者调研？

> 我是这样想的，杰西潘尼公司的顾客是推崇诚信的。我相信，如果我们告诉消费者新定价的实情，解释说这价格更实在，会给他们带来实惠，他们会有积极反响。这本来能使我们吸引另外一批对传统的发放优惠券做法反感的新消费群体。

销量急剧下降，造成重大损失。对于要花数年才能实现的转型变革计划，杰西潘尼董事会最初是支持的，但当销量出现下滑时，他们的支持也出现松动。一方面，由于损失大于预期，人们的心态发生变化，这是可以理解的。另一方面，董事会放弃了此前他们非常赞许的一揽子计划。当局势变得举步维艰时，罗恩与董事会的关系紧张起来。他回忆说：

我告诉董事会，“尽管一年来情况比预想的更艰难，怀疑之声也越来越大，但我们最终会成功。当然，你们似乎对变革感到不适，因此需要做出重大选择。你们可以继续行驶在高速路上，我们会放慢前进的节奏，做出必要调整。或者你们可以做U型转弯，把我们丢下的顾客再找回来。”

杰西潘尼公司董事会决定做U型转弯。实际上，他们转的弯甚于U型。他们驶下了高速公路，去挽回不复存在的消费者。

我写这本书时，罗恩与杰西潘尼公司分道扬镳已两年多。杰西潘尼董事会挽回顾客的努力没有成效，百货店顾客仍然寥寥。为减价商品打广告、发放优惠券、向无数电子邮箱投广告，这些促销活动又卷土重来，力度比以往更大。但是，消费者并未返回。即便杰西潘尼能成功地将时钟拨回，回到罗恩加盟之前的状态，它也会面临同样的困境。他们聘请罗恩做CEO就是因为这个。对杰西潘尼公司而言，它需要创新思维，以便吸引更年轻、更富有的消费群体。

现如今，杰西潘尼似乎在寻找一个能吸引更多消费者的魔法配方。但是，看上去无穷无尽的改变，如改变管理、改变公司徽标、改变广告、改变主题等，只是让消费者不知所措。缺乏专注和方向的变革会削弱品牌而非强化品牌。这是简洁的宿敌，复杂最擅长干的事。

以简洁为引领，以成果为导向

2012 年，在驻美英国大使馆举办的创新峰会上，苹果公司首席设计官乔尼·伊夫发表讲话，他谈到了在苹果公司什么才是最重要的。

“我们对营业收入确实满意，”他说，“但是我们的目标不是赚钱。这听起来有点矫情，但这是实情。我们的目标，使我们激情澎湃的事情，是创造伟大的产品。如果我们成功了，消费者就会喜欢这些产品；如果运营有效，我们就能赚钱。”

苹果的目标并不是赚钱，对于此说法，苹果的批评者也许会嗤之以鼻。毕竟，2015 年，苹果的现金储备高达 2 000 亿美元。但是，与将利润放在首位的想法相比，将利润看作创造伟大产品的成果，这是截然不同的理念。后者会对领导者的决策，以及他们的公司总体运营思路产生巨大影响。

基于在高科技公司做广告营销工作的经历，我认为，乔尼非常准确地道出了苹果与同一行业其他公司的不同之处。在戴尔和英特尔进行广告研发的过程中，我曾与一些高管们开会。交谈时大家更多谈及的是提高点击率、提高利润率，而较少提及制作改变世界的产品。相比之下，在苹果公司，我从未参加过一次专门聚焦提升利润的会议。我们开会讨论的都是大家如何能尽一己之力，创造出乔布斯想要的产品，从而得到预期的赢得消费者青睐的成果。在跟乔布斯打交道时，人们坚信不疑的是，利润是卓越产品带来的结果，而不是起因。

澳大利亚企业家安德鲁·巴萨特是网上职业中介求索公司的CEO。对于乔尼的选择正确目标的评论，他表示认可：

> 我们沟通的东西非常简单。作为一个组织，我们求索公司想努力实现的目标并不是赚钱。我们的目标是创造心中理想的成果。多数时候，我们做对了。少数几次，当我们专注于赚钱时，我们就真的有点走偏了。如果一个人想要创造伟大的企业，以我们公司为例，即为求职者和需要人才的公司搭建交流的平台，那么利润就会随之而来。所以那就是我们公司的专注点。

在线票务公司StubHub的合伙创始人杰夫·弗勒的观点是，如果将短期利润放在首位，那就不可能创建成功的公司。杰夫坚持长期发展的观点，思考消费者要什么，然后设计产品，反复迭代，反复调整，直到产品具备了真正的价值。这才是符合自然规律的次序：先创造出富有价值的产品，然后才是创造利润。

StubHub的运气很好，一开始就产生了利润，因为每卖出一张票，公司都获得一定的抽成。然而，现如今许多更成功的公司，包括脸书、推特、品趣志（Pinterest）、图片分享（Snapchat）、瓦次普（WhatsApp），在创业初期都没有直接的利润。这些公司的盈利模式是，创造出有价值的产品，然后让这些产品给公司带来收益。

我与之交谈的商界领导者都毫不例外地赞同成果为导向的理念，无论公司是大是小，都如此。面临要产出一个成果的挑战，全体员工会团结一致，热情高涨。

以成果为导向的领导方式不仅更具英雄气概，也更有效。

THINK SIMPLE

第 4 章
简洁需要团队协作

毫无疑问，强有力的领导者对简洁而言极为重要。然而，领导者并非在真空里进行领导。领导是否有效，取决于领导者招募的管理团队，以及他们培养的员工队伍。

为了找到能最好地推进公司使命的人，每个组织都有自己的一套方法。有些企业会寻找拥有特殊技能和经验的人，另一些企业首要考虑的是，双方是否投缘，对方能否融入公司的文化。

我很好奇，想知道那些信奉简洁力量的商界领袖是如何招募新人的。他们会寻找特定类型的人吗？他们是如何发现、培养并授权他们的？让这些人替换那些表现欠佳的员工要多久？

跟许多人一样，史蒂夫·乔布斯也相信，只有员工优秀，企业才能卓越。他对产品和原则从不妥协的做法也延伸到招聘中。为乔布斯工作时，你必须与乔布斯的这些价值观保持一致：职业伦理、愿景，以及对创新、设计和简洁的挚爱。他寻找的不是对他百依百顺的人，而是与他的核心理念相吻合的人。

乔布斯虽然很强硬，但同时也是一位极好的老板。他之所以招聘出色且具创造力的人，是因为他需要出色并富有创造力的人才。他高瞻远瞩，给这些人才描绘能凝聚人心的愿景，并协调不同学科人才的工作。

正如外界常常报道的那样，乔布斯的引领方式很强势，因此往往导致有活力的争论。乔布斯运用这种方式，确保公司内的最佳想法抵达最高层。在那样的氛围里，个人会得到成长。

如何发现并招聘与公司拥有共同价值观的人才？如何使他们不受那些绩效达不到公司标准的人的影响？对于这些问题，信奉简洁的商界领导者看法不尽相同。他们中有些人采用正规的招聘制度。而另一些人则不这样。与正式的招聘流程相比，他们更依赖直觉组建工作团队。

例如，澳大利亚的约翰·麦格拉思说，他的大部分聘用决定都基于直觉。应聘者前来面试时，他并不看他们的简历。他认定，人事部门对简历提供的细节已经感到满意了。约翰只需花五分钟时间，去了解应聘者是否对他们公司感兴趣。

SubHub 的联合创始人杰夫·弗勒一开始也使用正式的招聘流程，但在后来的数年间，他个人的招聘标准发生了改变。

在公司的早期岁月，他的招聘理念基于他在商界所观察到的一般情况。这非常符合逻辑。例如，如果要寻找一个负责 B2B 的营销人员，他会告诉招聘人员说，想找一位懂得线上和线下营销、善于品牌传播，并能构建强大团队的人。招聘人员会根据以上要求，去寻找有相关经验，且满足所有这些要求的人。然后，杰夫会与排名最靠前的三名候选人见面。最后，他希望，会找到一个自己中意的。

现在，杰夫认为这种做法落伍了。

> 在某些情况下，找到符合一定技能要求的人很重要。但更多时候，重要的是找到这样的人：他们身上具备你在寻找的一些本质特征和先天素养，包括才智、好奇心、创造力、文化契合，以及职业道德。

杰夫说，如果你发现有人具备以上这些特质，即使他们只干了你要他们干的少数几件事，他们也会表现出色，因为他们聪明、勤奋、积极上进。这样的人可以很快解决问题，而且跟团队会有很好的契合度。

他指出，肯定有些时候，你不会采用这样的招聘方式。比如，如果你需要一个心脏外科医生，尽管他和善、有创造性和好奇心强，但这些方面不太可能抵消他经验的匮乏。然而，招聘中不只看重应聘者的经验，更看重他与企业文化和公司的契合度，这样做很有价值。

> 我只是觉得，对于很多角色——非技术性，甚至技术性的角色——更被看重的应该是个人特质，而非“他是否完成了我需要他做的那些事”。

在招聘中，杰夫看重个人特质。对于这一点，我采访过的许多商界领导者也颇为认同。因为与应聘者简历所列内容是否符合要求相比，他们的才智和具有共同价值观这一点更重要。信奉简洁之力的公司需要这样想：新员工会在简洁的文化中茁壮成长，并对后入职者起到积极的影响。

澳大利亚的求索公司 CEO 安德鲁・巴萨特谈到，自己是何时意识到聘用具有共同价值观的人非常重要的。面对公司的快速发展，公司加快了招募节奏，引进了一些不太理想的人。安德鲁发现，这些人对组织文化起到了负面作用。有人在工作场所寻衅滋事，还有人与其他同事的目标不一致。他意识到，寻找高绩效的人重要，但寻找与公司价值观匹配的人同等重要。他无法忍受那些与公司价值观不一致的员工，无论他们的工作如何出色。

尽管如此，在那些非常青睐简洁价值的人中间，老板们找到“对的”人的方式却不尽相同。

招聘英才是关键

史蒂夫·乔布斯有时会提及，聘到杰出英才是他的头等大事。除了这一点，没有人确切知道，当他招聘最优秀、最聪明的人才时，他究竟在想些什么。

但是包括罗恩·约翰逊在内的很多人都知道，被乔布斯面试和录用是怎样的过程。罗恩和乔布斯短暂接触后不久，罗恩就加入了苹果，领导苹果零售店的发展。

也许很自然，乔布斯招募罗恩的方式与多年前吸引约翰·斯卡利（John Sculley）离开百事可乐转而投向苹果的方式相似。你可能对乔布斯调侃斯卡利的名句记忆犹新：“你是想卖糖水，还是想改变世界?”（令人难以置信的名言，即使乔布斯后来后悔雇了斯卡利。）

乔布斯比较喜欢招募一些在各自领域已经“大名鼎鼎”的人。他看重罗恩，就因为罗恩有很棒的简历。

罗恩与乔布斯只见了两次面，就得到了新工作。这两次见面时间总共不超过四小时。这与很多人对于乔布斯迅速拍板的印象是一致的。第一次会面时，罗恩和乔布斯谈了两小时，彼此有了更好的了解。第一次见面交谈甚欢，所以就有了他们的第二次见面。

在第二次会面中，乔布斯变成了推销员。他向罗恩承认，罗恩在标靶公司的品牌建设上做得很好，然后他开始直击目标。他说，“但是你是了解苹果的，我们会改变世界。”

就着这个话题，乔布斯继续发挥，谈到了苹果如何凭借诸如 iMovie（iMovie 使普通人可以将原始视频转换成具有特效和专业字幕的高品质电影）等产品推动世界进步。他谈到了苹果产品如何影响全世界人们的生活方式、工作方式、创新方式和娱乐方式。

对于乔布斯来说，苹果的使命不仅可以推动公司发展，也是很有说服力的招聘工具。乔布斯竭尽全力让罗恩感到，来到苹果，他就踏上了一段重要的改变生活的冒险之旅。

乔布斯就这样，一举拿下了他认定未来会为公司做出巨大贡献的人。但如果没有特定人选，他又是如何招人的呢？与乔布斯共事的一段经历解答了这个问题。我必须为他的独创性加分。我之前从未见过有谁这样做过。

那时，我还在担任苹果广告部的创意总监。一天，乔布斯给我打来电话，告诉我说，他想换掉负责市场营销的副总裁，正在寻找新的人选。有趣的是，他不想要一堆候选人。他只想要一个。他想知道，曾和我共事的搞营销的人当中，谁最聪明能干。显然，他给许多人都打了类似的电话。他就这样开始了他优中选优的招募英才的过程。

我提供的唯一人选是斯蒂芬·索南菲尔德（Stephen Sonnenfeld)。我曾与他在 IBM、英特尔和戴尔的广告部共过事。我告诉乔布斯，索南菲尔德对行业内外的情况了如指掌，同样重要的是，他很推崇非凡的创造性工作。由于他赢得了客户的尊重，所以面对客户的反对，即使他坚持己见，对方也不会拂袖而去。

乔布斯给索南菲尔德打电话。我事先没告诉索南菲尔德，说乔布斯会给他打电话，所以这个电话有点令他惊讶。许多人接到“嗨，我是史蒂夫·乔布斯”的电话时，都认定有人在跟他们开玩笑。跟他们一样，索南菲尔德也做出了类似反应。简短的交谈后，乔布斯邀请索南菲尔德到库比蒂诺见面。尽管索南菲尔德刚刚开始在一家广告公司负责与摩根大通（JPMorgan Chase）相关的广告营销工作，但他还是同意见面。

几天后，他收到一张机票，还有一份日程表。日程表排出了他与乔布斯、人力资源部负责人、菲尔·席勒（产品营销负责人)、罗恩·约翰逊（当时苹果零售店的负责人)、李·克劳(Lee Clow，广告部的负责人)，以及詹姆斯·文森特（James Vincent）的会面时间。

通常，参加多数大公司的面试，很可能在见过很多人之后，你才会被安排与 CEO 见面。但此例中的情况却不同，乔布斯想先与索南菲尔德见面。

索南菲尔德描述说，到苹果总部后，他被领到紧挨乔布斯办公室的会议室，并被告知乔布斯马上过来。

> 乔布斯穿着整齐，大步向我走来。他上身着黑色高领衫，下身着牛仔裤，脚穿纽巴伦鞋。他亲切地问候说“你好”，然后就直入正题。

乔布斯询问了索南菲尔德目前的工作——在一家炙手可热的、有点自命不凡的广告公司负责摩根大通委托的广告工作。索南菲尔德对自己的工作感到自豪，但乔布斯明确表示说，他觉得银行并不怎么样。当索南菲尔德解释银行如何帮助社区发展时，乔布斯说：“为一些事情投钱，任何人都可以做到。银行在做什么真正对这个世界有益的事呢？”

面试刚一开始，乔布斯就一排子弹扫过去，索南菲尔德被迫进入防御模式。然后，索南菲尔德回忆说，乔布斯将关注点放在了他为 IBM 和英特尔工作的十年经历上。

> 对乔布斯而言，看着我简历上的这些经历就如同鲨鱼围着它血腥的猎物。他说：“职业生涯中，你没有真正参与过任何伟大的工作。”

被击中要害后，索南菲尔德试图进行反击，为他在两家公司的工作辩解。乔布斯却不买账。索南菲尔德所说的相当出色的工作，却被乔布斯讥讽为毫无价值。他不断地发问，为什么索南菲尔德没能把广告营销做得更好。

索南菲尔德被激怒了，挣扎着摆脱对方的致命攻击。他解释说，在这种情况下他已经做到最好了。但摩根大通庞大而复杂，因此这样的工作水平并不能完全展现他的才华或能力。

> 沉默了一会儿，然后乔布斯开口说了让我永生难忘的一席话。他说："没错，我对你的工作确实有看法，但这并不是我真正担心的。我不能接受的是，多年来你就一直这样，而且仍然每天早上起床后对着镜子自我欣赏，沾沾自喜。"
>
> 我惊呆了。这场面试，我几乎被击垮。我与乔布斯的会面很快便结束了。

虽然这次见面不欢而散，但索南菲尔德还是按照日程计划与其他人见了面。或许乔布斯还想了解其他人的意见。两天后索南菲尔德回到纽约，他照例给乔布斯发去感谢邮件。

> 几分钟内，我便收到了乔布斯的回复："谢谢你过来。我认为你不适合这个职位。"但这结果早就毫无悬念了。
>
> 我当时为自己在群体中扮演的角色进行辩解，声称是客观情况迫使我妥协。乔布斯不但无法理解，他看起来甚至不承认妥协这个概念。他对于任何被迫接受妥协而使得工作品质下降的人也不能给予尊重。我很惊讶，因为世界上像这样的人极少，更不用说，大公司的领导者中像他这样的更是凤毛麟角。

在库比蒂诺，索南菲尔德经历失望的面试几个月后，乔布斯在斯坦福大学毕业典礼上发表了著名的演讲。演讲时，他说："必须找到自己挚爱的东西。令自己真正感到满足的唯一方法，就是做自己认为伟大的事。成就伟大的唯一途径就是热爱自己做的事。”

如今，作为汤森·路透公司（Thomson Reuters）的广告与品牌整合副总裁，索南菲尔德仍然为那次演讲感动。因亲历了和乔布斯的会面，他的感受更为深切。尽管他可能不适合苹果，但他感到，那次与史蒂夫·乔布斯的正面接触和小摩擦，以及乔布斯坚持原则、毫不动摇的做法，彻底改变了他，他好像变了一个人。

苹果会成为怎样的公司，乔布斯对此有清晰的愿景。要招募到与此愿景相契合的人，在这方面他非常挑剔。他寻找杰出又有才华的人，这些人应该像他一样在品质方面毫不妥协。但同样重要的是，他也寻找愿意担当责任的人。在管理层面，苹果没有在其他跨国公司身上常见的复杂流程和等级结构，因为乔布斯聘请了他信任的人来实现他的想法。

本书中出现的商界领导者各有各的招聘途径和方法，但他们都一致认为，招聘对于保持简洁非常关键。招聘一些能够共享企业价值观的人，这是推动企业前进和防御复杂情形的最佳方式。

“拼来拼去，拼的是人”

说到招聘和自己喜欢的共事方式，罗恩·约翰逊有自己的一套标准。他将自己过去的成功归因于他与工作团队的关系。

他声称，对直接下属，他仅有一个总要求：“告诉我你是怎么想的。”这听上去也许很简单，但是如果在大公司干过几年，你就会发现，要人们实话实说常常很难。罗恩说，职场常常会有一些东西使人们不能开诚布公，包括害怕失去工作、渴望得到垂青、避免冲突，等等。

> 可以用两种方式与同事相处：依照人际关系和依照工作安排。若依照人际关系，人们会开诚布公说出想法。这样做可能偶尔会有不愉快，但是人们可以互相学习和成长。但是，若依照工作安排，人们在沟通中会更注重个人安全。他们不会直言不讳。他们会告诉你你想听的。

罗恩说，这是他在苹果和杰西潘尼两家公司感受到的重要的不同之处。从零开始构建苹果零售店，这是很多人共同努力创建新事物的过程。罗恩亲切随和，鼓励人们开诚布公。到杰西潘尼做 CEO 时，他把同样的工作价值观带到了这家公司。但在那里，他是一个想要改变公司文化的外来者。结果，他只能依照工作“安排”与一些人沟通，无法超越“安排”。这使他的工作充满复杂性。

关于建立关系的重要性，康泰纳公司的 CEO 基普・廷德尔也谈了很多，既包括他和直接下属之间的关系，也包括他的执行团队中成员之间的关系。他相信，他的商店有别于其竞争对手的标志是员工的高素质，因此他把康泰纳的成功归因于公司发现、招募并留住某类人的能力。

基普寻找热衷于客户服务的人。在寻找过程中，从一开始他就采用开放和诚实的方式，因为他确信，这样做能避免日后出现复杂情况。他最看重两种特质，这两种特质会给商业行为带来最大的积极影响。

> 我相信世界上一切东西都是某种商品，可以买卖，除了判断力和诚信。很多人确实很聪明，或具备运动细胞，或有艺术或音乐特长，但判断力和诚信这类东西更珍贵。

公司成立早期，基普亲自参与了所有员工的招聘。现在，考虑到公司如此大的规模，再不可能这样了。取代这个做法的是，公司采用了一套系统，能有效评估候选人的判断力和诚信这些重要方面。

> 我们进行不厌其烦的面试。我们不会简单行事。之所以这么做，是因为我们对招聘到对的人非常看重。我们常常进行七八轮面试。没错，有些人认为这太奇怪了，感觉见鬼了，于是他们中途放弃了。

应聘者先要在网上申请，并回答一些开放式问题。通过答题，表明他们对公司品牌的热爱。只有做完这些，他们才可获得面试机会。有些面试是一对一的，而另一些则是一对一小组的。基普说，在此过程中，康泰纳强有力的企业文化起到了作用，帮助合适的人脱颖而出，并淘汰不合适的人。

> 一旦被录用，通常很容易知道他们是否会融入我们的企业文化。那些不能融入的人通常会自行离开。他们认为我们很难对付，然后很快就走了。

任何公司都会招聘工作团队。好公司与一般公司的区别是：好公司能在团队中营造一种恒定的投入感。我们都熟悉传统的“入职首日”培训。通常情况下，入职首日你会了解和熟悉公司，公司会简要介绍一些情况，诸如工作时间、福利、假期、人力资源政策，等等。在康泰纳公司，你最初的感受相当与众不同。

进入公司后，你就开始接受所谓的基础周训练。不管干什么岗位，你都会在商店里待一周的时间，学习公司的销售理念，并深入了解业务的具体细节。

前面我们了解到，在康泰纳公司，人们频繁谈论基础原则，这是培训的重要部分。对于新入职的员工来说，重要的是，领会公司为什么要他们这样或那样行事。公司的意旨不是让他们成为类似融入蜂房后的雄蜂（只会勤恳工作），它旨在使员工真正了解康泰纳公司提供的独树一帜的独特购物体验。

其中一个基础原则总结了为什么要对新入职员工进行较长时间的培训。如果公司招到对的人，即精力充沛、睿智、勤奋的人，他们就会以一顶三。

基础周之后，培训并未结束。零售业在一年内要对新员工进行八小时的正式培训，而在康泰纳公司，这个时间是 263 个小时。基普说，这样做是为了帮助新雇员培养并保持其技能。

> 我们投入诸多时间和精力进行新员工第一年的培训，因为如果将员工安排到店面搞销售，而他们却对产品一无所知，那是最糟糕不过的情况。情况就是这么无情。

如果你认为，康泰纳公司的做法听起来有点着魔了，那不无道理。你真正看到的是一个超级强大的企业文化。这种根深蒂固的文化类似苹果、谷歌、耐克或任何其他成功的公司的文化。这些公司既鼓励员工追求个人的发展，也鼓励团队一致、共同努力实现公司目标。但并非所有人都能在这样的文化中如鱼得水。那些水土不服者往往会很快离开，就是这个道理。

考虑到众多分店顺利运营所需的员工数量巨大，所以康泰纳公司不借助传统人力资源部门招人，这着实令人吃惊。为了寻找公司所需的大量高素质员工，管理层请公司员工帮助招人。无论在哪里，只要员工遇见聪明、充满激情的人，公司都鼓励他们给予推荐。此人也许是某餐厅的服务人员，或是在摇滚乐巡演中碰到的某人，甚至是员工在假日晚餐中巧遇的某位远房亲戚。

> 我们没有规定，说不许员工家人来公司工作。你可以让你姨妈、叔叔和堂兄妹来。这就是我们公司充实人员的方式。

康泰纳公司投入大量精力，让员工感到自己是公司的一部分。基普相信，当雇员有归属感时，他们往往会向家人和朋友谈论自己的工作。有时，一粒种子就此在人们心中种下。也许他们也想要在这样的公司工作。

虽然公司招募人才的成本比较高，但基普却乐于为此买单。在整个零售业，康泰纳公司的 SGA（销售费用、一般费用以及管理费用）均属于最高之列，但是公司在业内的净利润也属最高之列，这就冲抵了成本费用。

> 我们就是充满激情。看看我们这些年来用于培训的资金量，它是不断递增的。这也是我们所花的最佳费用，它是科学与艺术的融合。

公司为新员工第一年的培训而投入的巨大投资会继续产生回报。在入职第二年，这些员工会指导新一批员工，并为此倍感自豪。这样，高培训费带来独特的回报率。

将招聘、培训、文化、沟通所有这一切加在一起，会直接带来更高的劳动生产率，进而提升客户满意度。

卢·卡本（Lou Carbone）是研究客户和员工体验的学者。他曾写到，任何员工付出的前25%的努力属于基本生产力。这是工作所需的最低要求。如果连这一点都做不到，他们就会被解雇。剩下75%的努力完全属于无薪付出。员工会付出多少额外的努力取决于他们有多喜欢自己销售的产品，他们如何看待老板、工作条件、企业使命，等等。

基普估计，多数零售商的雇员仅会付出略高于基本的25%的努力，但康泰纳公司享有员工80%左右的生产力。他相信，公司成功的关键是：招募、培训员工的方法，以及使雇员真心实干、专心致志、愉快满足的方法。

员工忠诚价值几何

有些人工作是因为热爱。对他们来说，钱是次要的。1997年回到苹果后，史蒂夫·乔布斯的年薪只有一美元，他因此而名声大噪。他之所以这样做，据说是因为他可以成为正式雇员，享受医疗保险福利。我经常想，第二年他的薪水是否会因通货膨胀而有所提高。

这种不图报偿的承诺令人肃然起敬，但对我们其他人而言，有丰厚的报酬再好不过。我们不仅喜欢丰厚的薪酬，而且额外奖金当前，我们往往会不遗余力地努力争取。问题是，当给予员工特别奖酬和额外津贴时，会不会事与愿违？

澳大利亚的求索公司 CEO 安德鲁·巴萨特介绍说，他完全取消了员工的短期奖励。他说，这令他感到如释重负。之所以这样做，是因为他发现，如果允诺因短期成效而获得奖励，人们就会变得短视。安德鲁觉得这比较肤浅，不符合求索公司未来长远发展的思路。

显然这个话题值得讨论。公司出于各种原因奖励员工，也因此产生不同成效。从各不相同的酬劳方式中，人们可以学到一些简洁化经验。

关于公司的架构导致某种不和谐，我最爱引用的例子是戴尔公司。戴尔由数个独立的、截然不同的部门构成，每个部门都单独核算。这些部门高管根据自己部门的绩效拿奖金。因此部门内所有人都铆足干劲，让产品销量飙升。就提升戴尔整体品牌而言，人们几乎没什么干劲。这种组织架构使不同部门对公司产生完全割裂的认知，致使摩擦产生，对戴尔整体品牌的提升产生负面影响。

这里有一例证：直到 2010 年，戴尔的业务和客户部门仍在其电脑产品和广告上使用不同的标志。有数千万的人在家中和办公场所使用戴尔电脑，他们看到的是两个戴尔（而他们应该看到的是一个）。对此似乎没有人在意。搞不懂，这种情况怎么会持续这么多年。

而在苹果，没有独立核算的部门。这就是苹果。每位高管担起一份责任，其责任服务于公司整体利益。人员酬金一般采用优先认股权的形式分发。这意味着，当公司总体绩效良好时，分属不同部门的个体都能获益。如果公司目标是构建一个强大的品牌，更简洁的方式便是为统一的公司目标努力。

可能大家都记得，苹果公司将激励公司重要高管的股票期权的日期回溯，此举使史蒂夫·乔布斯陷入麻烦。这种行为是违法的，它导致苹果两名高管离去。然而，这种做法背后的（奖励）原则却很难辩驳。如果奖励原则实施得法，就不会违法。乔布斯当然理解，激励关键员工使其留在公司是多么重要。每年，当一批新股票期权到期时，人们都会舍不得离开。

20 世纪 80 年代末，我有幸得到机会，可以成为苹果的内部成员。乔布斯将其酬劳理念亲口告诉了我。那时，我在与他合作的广告公司做创意总监，从事 NeXT 电脑的相关业务。几年后，我们建立起了良好的工作关系，乔布斯邀请我到他办公室私下聊聊。

我坐在他桌前的椅子上。当他提议我担任 NeXT 内部创意总监时，我很吃惊。就此工作的性质我们谈了大约 30 分钟。由于谈话似乎进展顺利，话题随后转向了薪酬。乔布斯直接看着我说：“你现在挣多少，年薪大概 20 万美元?”

我根本挣不了那么多。但是因为乔布斯似乎相信，所以我就尽量表现出我是挣那么多。于是我回应道：“是的，差不多。”在那个短暂的瞬间，我幻想，乔布斯甚至会提供超出我想象的更多薪酬。

与此相反，他说：“我给不了你那么多。”幻想破灭。但他没有停顿，紧接着解释说，他所提供的东西比高薪更好。在我记忆中，他是这样说的：“仅靠工资永远不能积累真正的财富。无论你月薪多高，都会很快花完。房子、生活费用、假期消费，所有这些都得花钱。你真正需要的是公司股权，我能给你这个。这样，你在一个大公司做大事，得到高薪，同时将会通过股权积累财富。”

这些听起来很有吸引力，但我不得不因个人原因而谢绝。然而，我现在头脑中有时还闪过念头：如果那时接受了乔布斯的提议，我现在就会在英格兰某城堡颐养天年了。

这里的要点是，动机很重要。找到想得到工作的人，让他们填补空缺，这很容易。难的是找到信奉公司使命的人。把这类人的积极性调动起来，他们将助力构建公司的未来，而不仅仅是关注现在的报酬。

与谁同舟共济

对史蒂夫·乔布斯的招聘理念和他与经理人的沟通方式，罗恩·约翰逊有自己的独到观察。

从斯蒂芬·索南菲尔德面试的故事可以看到，面试时，乔布斯可能表现得很无情。这是他为寻找极少数特别的人（即在各自专业领域出类拔萃、勤奋工作、充满激情、愿意自我牺牲，并愿意为所信奉的理念奋斗的人）而采用的测试方式。

乔布斯觉得，公司要取得成功，并不需要很大的队伍。记住，他厌恶大型的官僚式的组织。罗恩回忆道：

> 每当开启新项目时，乔布斯都会问："这次我要与谁同舟共济？如果我遭遇危险，需要帮手帮我划船，我会选谁？"因此他很善于想出"同舟共济"的人选。他能挑的人越少，情况就越好。

罗恩说，乔布斯厌恶与中间人合作。他要与才华横溢的搞创造的人直接交流，而不必通过管他们的人。这也是跟乔布斯打交道时我观察到的。在例会上，任何不积极参与项目的人都不受欢迎。

> 当我们为苹果店设计玻璃楼梯时，乔布斯要直接与设计楼梯的人沟通。他要找结构工程师讨论，从来不要跟中间人交谈。
>
> 乔布斯尊重实干家，尊重创客。他会花时间与这些人共处，对其他人他没什么耐心。对那些没什么实力却打官腔的人，他很敏感，能一眼看穿他们。

罗恩说，乔布斯看重才智，但是他也会以沟通能力评判他人。如果你表达不清楚，他会认为你不够聪明。对于不能清楚表达自己想法的人，他没有耐心。

乔布斯具有另一个非凡能力：授权。这使他能专注于那些可以带来价值的东西。

乔布斯运营着一个功能型组织。他所依靠的是经他自己挑选的、苹果内部诸多部门的主管。所以就有了这样的分工：蒂姆·库克负责运营，弗雷德·安德森（Fred Anderson）负责财务，罗恩·约翰逊负责零售。开发新产品时，或者他感觉哪里有问题需要他关注时，他就会出现。罗恩解释道：

> 任何其他情况下，他都让人们自行其是。他不会浪费任何时间。他不参与，从不。但他设定的标准非常高，并且对于被授权的人而言，此标准非常清晰，即使他不在场，他们也会按照他的思路走。
>
> 他说："我要花很多时间和你在一起，因为我想将我的思路传达给你。一旦你理解我的思路，了解我的标准，你就会像鸟儿一样自由。遇到问题或想征求我的意见时，你才会过来找我。"

乔布斯一周大概有五个晚上都会给罗恩打电话。一般来说，他会问："今天情况怎么样？在想什么呢？今天学到了什么？"这是他们在构思和建设苹果实体店时，乔布斯用于深化同事关系的方式。这些交流使罗恩逐渐了解了乔布斯的思路，了解他看重什么、鄙视什么。

他们一起选了几处苹果门店地址。罗恩很欣赏乔布斯对房产的想法。一起设计了几家门店后，罗恩更加了解乔布斯喜欢用的材料，更加了解他对设计的感受。一旦乔布斯了解这些后，情况就正如他所说的，他就委托罗恩按照自己的价值观，监管其他苹果门店的选址和建设等事宜。罗恩说，与乔布斯一起共事的感觉是，先紧后松。

最后一句很重要，因为这个评价与人们认为的乔布斯事必躬亲的看法背道而驰。人们可能会有些担心，不知道乔布斯对他们的工作情况会如何反应。但他们也知道，他真正想看到的是新鲜而又奇妙的东西。如果你没有展翅高飞、开阔视野，他会很失望。

随着时间的推移，罗恩每年与乔布斯只碰几次面，谈有关最新苹果门店的事。他告诉乔布斯苹果门店的进展，乔布斯会提供一些反馈和建议。

> 他不会深度参与（指正常的参与）。然而，一旦他进入一家苹果门店，他对细节的关注程度，你是想象不到的。

这种工作理念是乔布斯重返苹果取得成功的关键。他了解自己的短板，所以他让自己身边汇聚了一些人，他们拥有他自己没有的强项。他营造了一种人们可以大胆创造的环境。无论是对大局的指导，还是作为一个完美主义者对细节的追求，他的愿景无时无处不在。

显然，对所有公司而言，招到合适的人很重要。然而，公司员工的素质如何，这不仅取决于受雇的人，还取决于被要求离职的人。

解雇的艺术

20 世纪 70 年代末，市面上还流行苹果Ⅱ电脑。自那时起，李岱艾（TBWA/Chiat/Day）便开始成为苹果的广告代理商。那时，公司名叫 Chiat/Day。

公司创始人杰伊·查特（Jay Chiat）已于 2002 年过世。在广告界，他富有传奇色彩，影响力巨大。作为领导者的杰伊富有创造性。他可以指导他人，助其成就惊人业绩。25 年来，李岱艾公司赢得诸多重量级客户，并为其提供优质服务。这些客户包括耐克、保时捷、劲量兔（Energizer）、锐步（Reebok）、联邦快递（FedEx），以及其他许多客户。在广告界，因为杰伊具有很棒的营销智慧和改变广告业的才华，所以他直言不讳，出口成章。事实上，有一年，李岱艾的员工们出了一本叫作《杰伊总裁语录》的小册子，供内部传看。

每一页都印有一条摄人心智的杰伊名言。像宝石般闪亮的名言包括："你说的都对，但我有疑问。""我们的预算不设限，我们还要超此预算。""好吧，下次跟我说事时，要确保我会听。"我个人最喜欢的是他曾经亲口对我说的这句话，"我不是对你大喊大叫，我是对目前的情况大喊大叫。"

在广告界杰伊深受爱戴，曾一度受邀为《广告周刊》（*Adweek*）撰写系列文章。此杂志是当时受众最广泛的广告业出版物。在此系列文章中，他分享了自己如何让优秀的广告公司变得伟大的智慧。

几十年后，其中一篇文章我仍记忆犹新。杰伊主张，为了构建强大的公司，领导者必须“快速解聘”。他的观点是，广告公司业务关乎各种关系，不仅是与客户的关系，还有公司内部的各种关系。实际上，我们日常的交流互动决定了公司的优劣。杰伊认为，一个闷闷不乐的员工会给周围人带来消极影响。对于压力重重的、从事创造性工作的广告业者而言，消极情绪不是好事。

杰伊不太认可“提前两周告知（解聘）”的方式。他会给离职的人多付两周薪水，但会要求他立即离开。也许这有点不近人情，但他想要人员在积极向上的环境中专心致志，做出最佳成绩。他不想一个人的坏情绪传染给其他人。

应尽快发现并开除那些跟公司氛围格格不入的人。在这方面，基普·廷德尔颇有同感，尽管他说得更有人情味。

> 我们是有同理心的人，或者至少我们喜欢这样认为。很久以前，在这些事情上，我们太天真（见鬼了）。那时我们常常一而再、再而三地去做某人的工作，让他改好（直到请他离开）。一些特性，尤其是缺乏安全感这点，是无法改变的。现在我们解雇人的速度比过去快得多。

正如我们所见，一个强有力的企业文化拥有自我调节能力，它往往会迫使那些与之格格不入的人离开。但是当公司某位领导者或门店经理在公司内搞事时，基普确信这种情况需要迅速处理。

即使某种关系出现问题，但公司解决问题的方式也会告诉所有人，公司如何对待雇员。令基普感到自豪的是，即使员工离开了康泰纳公司，他们仍然保持朋友关系。虽然他赞同杰伊·查特关于坏苹果需要被迅速处理掉的理念，但在实际解职的做法方面，他有不同观点。基普说，康泰纳公司会多付钱给遭到解职的人，而且会提前很早告知他们。

为什么这样做？运营像康泰纳公司这样的连锁零售店，所有人的看法对公司品牌都会产生非同小可的影响。主动离去的人，以及那些被解雇的人，仍可能光顾康泰纳。他们会和朋友谈论康泰纳，并会在网上发表评论。

所以基普的想法是，要尽快解雇，但不要无情无义，要有人情味，这对公司生意更有利。

当然，最好不过的是，首先要更明智地招人，这会大大减少出现不愉快情形的次数。又一次，强大的公司价值观起到举足轻重的作用。

价值观：吸引雇员的磁铁

如果在传播价值观方面表现出色，公司就会吸引也有这些价值观的客户以及潜在员工。共同的价值观是构建强大、统一的工作团队的支柱。

例如，社会良知是本和杰里企业文化的基础部分，这在公司公众形象上得到了良好的展现。因此，公司倾向于吸收那些本身拥有社会良知的人加入公司。

有些人签雇佣合同，仅因为他们需要一份工作，他们对公司的价值观并不认同。这些人也许会觉得自己的工作充满挑战性和复杂性。他们可能被要求考虑一些在他们看来没必要考虑的事。他们需要调整自己个人的信仰，以适合公司的价值观。

杰瑞·格林菲尔德说，在快速增长的早期，公司被迫在短时间内招聘很多员工。这让公司认识到招聘拥有共同价值观的员工的重要性。杰瑞痛心地说，那时他们自己还年轻，在招聘具有共同价值观的人员方面还不够明智。

> 那些人试图改变公司，使其变成更像他们喜欢的样子。从外表看，本和杰里公司似乎气氛平和、充满友爱，但是（因为有些新雇员的价值观不一样）内部有相当多的冲突——为公司的灵魂而争斗。

值得庆幸的是，公司创始人的价值观占了上风，社会使命在公司的DNA中变得根深蒂固。当本和杰里意识到，公司的管理需求已经超出他们的个人能力时，他们便采取行动扩大管理团队。这时，公司广为人知的价值观帮助了他们，使他们吸引到更适合自己公司文化的人。

如今，本和杰里吸引了众多具备社会良知的人，就如同苹果吸引了一批想要通过技术来创造更美好世界的人，也如同康泰纳公司吸引了一些全身心致力于客户服务的人。强大的价值观成为有效吸引雇员的磁铁。

在从事媒体内容制作的 RadicalMedia 公司，联合创始人乔恩・卡门（Jon Kamen）和弗兰克・西尔玛将他们的主要价值观——诚信——视作帮助他们吸引合适人才的灯塔。尤其在他们这一行，人就是品牌，因此吸引和聘用高素质的人至关重要。

然而，在招聘方面，相比其他许多公司，RadicalMedia 公司面临更大挑战，因为它需要很多不同种类的人，有隶属于公司的导演、全日制上班的辅助性办公人员、参与媒体内容制作的频繁进出办公楼的制片者和其他人。

公司强大的品牌吸引了各层次的人，但乔恩认为，他最重要的职责之一是维系圣火的燃烧。他尽自己最大努力，确保新雇员工与公司价值观保持一致，其中诚信最被看重。这不等于说，他们就不会犯错，而是说，如果犯了错误，他们会尽自己最大努力进行“纠偏”。跟基普的感觉类似，他们尝试着心平气和地纠偏，因为在媒体内容制作的圈子里，他们可能会某天再次出现交集。乔恩说，当偶遇那些之前被解雇的人，他发现他们似乎并不怀恨在心。这证明公司价值观的强大。事实上，多数人似乎怀念他们在 RadicalMedia 工作的时光。

因为乔恩和弗兰克对公司文化的保护，多年来 RadicalMedia 形成一个良性循环。公司的品牌吸引着新人。新人成为雇员，又努力强化品牌。更强大的品牌又吸引更多的优秀人才到公司来。

简洁靠工作团队共同努力

从受益于简洁力量的公司那儿我们了解到，有些公司属于领导者驱动型，另有一些属于合作型。世界上并不存在领导有力的神奇配方。

然而，却存在雇人的有效配方：关注那些认同公司价值观的人。他们不仅会融入公司文化，而且还会强化公司文化。

还要注意重要的一点，在当今商业领域，出现这样一个趋势：一种打破传统的招聘模式。按需提供服务的行业，包括优步（Uber）、递友（Postmates）、私厨（Munchery）等，作为服务提供商吸引了近 2 000 万的雇员。吸引这些雇员的是灵活的工作时间和更可控的生活。

有些人认为此事有消极面。随着该模式越来越风行，雇员会变得越来越松散、越来越懈怠。从而新生代雇员不太会受到公司价值观的驱动，而更在乎自身的价值观。

罗恩·约翰逊相信，会有“两全其美”之策。2015 年年中他创办了乐享（Enjoy）公司，两全之策在公司得到实施。

乐享公司将自己定位为：购买技术产品的更好途径。它提供高品质设备（手机、平板电脑、无人机、音响系统、摄像机等）供消费者选择。与其他零售商不同，当客户选购某产品后，乐享公司会派出一位合格的专家将物品亲自送到客户家中、办公室、咖啡店或其指定的地点。然后专家会花一个小时与客户一起安装设备并展示如何使用，这一切都不再收费。

为了使按需服务获得成功，罗恩需要乐享公司的雇员技能过硬并充满热情，同时还要全力致力于公司的使命。所以他自己亲自设计了这种新型的以雇员为中心的按需服务公司。如同其他按需服务公司一样，在乐享，雇员根据自己想要的时间、地点和方式灵活地提供服务。不同的是，他们都拿薪水，享受福利，还持有公司股票。罗恩的目标是，在这个移动互联时代，除了传统的经济保障和福利外，还给予雇员自由和探索的空间。

罗恩再次跨入“丰富生活”的商业领域。跟他在苹果形成的理念一样，他招聘对服务充满激情的人。在此过程中，乐享是在丰富消费者和雇员的生活。通过这样的公司架构方式，罗恩将乐享的价值观清楚地传播出来。这些价值观成为公司吸引“对”的雇员的磁石。那些“对”的员工会助力构建年轻的公司文化。

如前所述，如果雇员的个人价值观跟公司的一致，他们就更愉快，更有积极性，也会更有效地给顾客带来快乐。

THINK SIMPLE

第 5 章

简洁就是信守品牌

品牌概念由来已久。在广告业兴起时期，广告公司常常以其创造杰出品牌的能力而名声大噪，因为品牌大概是一家公司最具价值的资产。

就品牌核心而言，它是我们对一家公司所有认知的总和。这些认知来源于我们对一家公司产品、服务、零售、网站、包装、客户支持以及更多方面的体验，源于我们从市场营销中获得的各种感受，源于从新闻报道中得到的各类印象，源于从我们所信任的人那里听到的信息。公司的品牌实力来源于很多方面，甚至包括一些公司无法直接控制的因素。

强大的品牌拥有吸引力，它赢得客户并创造客户忠诚。准备购买东西时，人们首先查找自己最中意的品牌。并且他们愿意为自己喜爱的品牌付更多的钱，因为他们相信这个更有价值。

公司的使命是公司的基石。实现使命时，公司的价值观指导人们的行为。但品牌在所有这一切之上。

在我们自己的职业生涯中有两条平行线。我们许多人都有职业目标（使命），还有一套指导我们行为的准则（价值观）。但作为人，我们不仅只有这些。与我们交往的人还通过其他方面了解我们：我们说话和聆听的方式、聪明才智、幽默诙谐、同情心、设计感等。这些一揽子东西就是个人品牌，如同公司品牌一样，它涵盖非常丰富的内容。

当公司拥有强大的品牌时，对于公司员工而言，一切就会简单一些。人们可以依照是维系品牌还是削弱品牌来评判一些机会或选择。若是维系品牌，则会使人们头脑中的公司形象更清晰；若是削弱品牌，则会使公司失去专注点，埋下混乱的种子。

因为品牌的健康很重要，所以想到实现简洁化时，一些商界领导者也许会紧张起来。他们可能担心简洁化会削弱品牌，而事实正相反。当公司变得简洁时，其品牌会变得更为强大、更有吸引力、更具价值。原因很简单，人们会更容易理解并喜欢它。当公司变得更为复杂时，它会释放多样的信号，从而削弱品牌。

就因为这个原因，史蒂夫·乔布斯才如此专注于构建和强化苹果品牌。他极力反对任何损害品牌的想法。例如，一些评论者早就提出，如果不选择低成本制作战略，苹果的手机业务会停滞不前。乔布斯将苹果视为优质品牌，认为它能吸引那些认定品质高端、设计精美的产品物有所值的消费者。如果苹果要制造“廉价”手机，也许会提高市场份额，但也可能削弱其品牌价值。乔布斯相信，一个强大的品牌就是（无论是在字面意思，还是象征意义上）企业的提款机。

清晰界定品牌是市场营销最简单的法则之一，也是简洁最简单的原则之一。如果确信公司采取的所有行动都在维系品牌，那么你就很清楚自己是谁、在做什么、能提供什么价值。在你和竞争对手之间，你已经给了消费者一个清晰的选择。

诚然，不同企业有不同的品牌表达方式。一种可能是通过可见的东西表达出来，如产品款式、可靠性和创新性等。另一种表达方式与我们的内心更为相关，却无法触及，那就是感受或品位。

用情感力量重振品牌

地球上几乎人人都熟知可口可乐和百事可乐。但如果没在捷克待过，你可能从未听说过一种叫口福乐（Kofola）的软饮料。这是一则基于简洁原则的成功案例，口福乐摸索出一条道路，上演了一出以弱胜强的戏码。

1989 年捷克斯洛伐克发生天鹅绒革命。在此之前，西方国家的软饮料公司在捷克处境艰难。可口可乐和百事可乐只能在获得营业许可的一家国有公司生产，而且产量极少。

1960 年，捷克一家公司着手创建自己独特版本的可口可乐，于是口福乐诞生了。20 世纪 70 年代，它成为捷克最受欢迎的软饮料，在全国建有很多生产工厂。产品有瓶装的，也有零卖的。人们在日常生活中到处可见。

然而革命发生后，一切都变了。西方公司在捷克突然受到追捧。可口可乐和百事可乐大举进军，老的传统饮料品牌，包括人们一度最喜欢的口福乐被迫靠边站。最终口福乐完全从货架上消失了。

多年后，1998 年，希腊移民库斯塔斯·萨马拉斯（Kostas

Samaras）购买了口福乐的品牌权。三年后，他将该公司直接买下。此举使口福乐焕发了新生机。此时，捷克人已迷恋上可口可乐和百事可乐。但库斯塔斯明白，这些大牌饮料从未真正取代过口福乐，究其原因，主要是因为口福乐的味道非常独特。

虽然看上去像可乐，但口福乐源自不同的配方，它由 14 种蔬菜混合而成。对许多人来说，可口可乐和百事可乐的口味差异很微小，而口福乐和它们的差异就显而易见了。用委婉的方式说就是，口福乐是一种人们习惯了的口味。无论你问起谁，他们都会说，口福乐是世界上最棒的饮品之一，或者说，看到它就想喝上一小口。无论如何，在许多捷克人心中，它仍然占有一席之地。

多亏了库斯塔斯敏锐的商业直觉，口福乐重新崛起。它将与碳酸饮料的巨头进行正面交锋。这样一个小公司如何能做到这一点呢？虽然拼味道是一项艰巨任务，但在捷克，口福乐的怀旧意味没有对手。

可口可乐和百事可乐迎合的是唱着嘻哈、追求酷感的年轻人。与此不同，口福乐是老一代人年轻时熟悉的味道，在捷克，它是成长的味道。在过去的岁月里，家人或友人聚在一起畅饮瓶装或散装口福乐，共享欢乐时光。

口福乐要与巨头可乐公司竞争。面对挑战，口福乐围绕一个简单的概念打出自己的品牌：暖心的怀旧情怀。库斯塔斯购回了 1960 年设计的标志，在市场营销中主打怀旧牌。

由于库斯塔斯将口福乐品牌特征宣传得非常到位，口福乐再次成为捷克人生活的一部分。它很快成为软饮料和果汁市场的重要一员，与可口可乐和百事可乐平分秋色。现在作为母公司的口福乐集团在捷克、斯洛伐克、波兰、俄罗斯拥有七家生产工厂，雇有超过 2 100 名员工。

2004 年，库斯塔斯的儿子詹尼斯（Jannis）接任口福乐集团的 CEO，公司保持持续增长。口福乐品牌变得更为强大，清晰的品牌表达吸引着新消费者，也吸引着与公司价值观一致的新雇员。

在竞争激烈的市场，口福乐品牌本身就起到了简洁化作用，使其立于不败之地。

关于汽车与复杂性

苹果公司前营销主管史蒂夫·威尔海特在汽车行业的经验实际上不仅局限在大众公司（Volkswagen）。他也为尼桑（Nissan）和现代（Hyundai）代理过营销业务。因此，他对汽车和品牌的力量非常熟悉。

威尔海特观察发现，真正卓越的品牌由于其独特的象征性以及一致性而与众不同。在品牌表达方式上，它们一以贯之，这种一致性不仅体现在广告宣传上，也体现在不同国家的市场上。与此截然不同的是，为追求品牌的本土优势，面向不同受众采用不同的品牌表达，有些公司不惜牺牲品牌的一致性。

威尔海特说，一些公司在不同国家出售特制的款型。它们似乎相信泰国的道路有别于中国的道路，而中国的道路又与日本、德国、美国的道路不同。在各个市场上，他们根据市场状况和客户期待开发他们认为合适的车型。显然，一些营销人员认为这样做有一定的文化和地理逻辑。怀特对此看法却不同。

> 有趣的是，那些保持品牌一致性的企业赢利最多，那些拥有最高品牌价值的公司从不理那一套。

作为例证，他提及了全球最高端的汽车品牌的做法。在上海看到的法拉利和你在美国比弗利山庄、柏林、伦敦看到的一模一样。你支付的价格反映了品牌的价值，以及品牌长久以来所形成的清晰形象。保时捷也一样。保时捷没有推出中国 911 型、美国 911 型、巴西 911 型，它只推出了保时捷 911 型。在全球不同市场，宝马也提供一样的三系汽车。宝马品牌蕴含深刻意义。在所有售车处，它都被有效地表达为“终极驾座”。在威尔海特看来，宝马品牌会跨越地理界限。

> 伟大的品牌具有超越文化和语言的价值。它们往往经久不衰。

威尔海特讲述了福特公司前 CEO 艾伦·穆拉利（Alan Mulally）的例子。他胆识过人，对这种简洁做法做了更大发挥。穆拉利所做的与汽车行业的一般做法截然相反。威尔海特回忆起他的想法要点：“一个福特。我们不会为不同市场制造不同的车。我们会投入最好的工程资源去造车。我们要造类似福特福克斯和福特蒙迪欧那样的车。这些车能在所有市场售卖，而且采用同样的营销方式。这些汽车会传达相同的价值，呈现出相同的特征，采用相同的制造工艺。”他行使权力，要求大家照此执行。

确实非常有必要保持对文化的敏感，但也有一些价值观会超越文化界限。威尔海特强调说，强大的品牌会寻找这些超越文化的价值观，与这些价值观保持一致，并在每个市场找出与这些价值观关联的东西。

> 这与苹果的“不同凡想”广告活动如出一辙。毕加索是哪国人，这有什么关系呢？玛丽亚・卡拉斯、阿梅莉亚・埃尔哈特以及吉姆・汉森出生在不同国家，他们都贡献卓著。不同的国家又有什么关系呢？他们的贡献都激励人心。他们改变的不仅是自己的国家，他们改变了世界。所以说苹果品牌超越文化界限。

品牌的这种清晰度来之不易。即使在一些品牌超越文化界限的公司，人们也常常就如何在不同地区进行品牌表达进行讨论。威尔海特透露说，虽然史蒂夫・乔布斯清楚地知道如何运作“不同凡想”广告宣传活动，然而苹果全球营销组织的有些分部却不同意他的想法。

有时，不同国家的苹果员工想要在他们特定的地区“自行其是”。例如，苹果日本分部就对使用纯白广告背景色定义产品的美感表示担忧。他们收集了大量成功的日本广告案例，以此说明日本消费者会对苹果广告的宣传风格不买账。威尔海特说，对他们说“不”是我的职责。他会向那些人解释苹果的战略，然后邀他们一起赞赏并拥抱它。

> 苹果品牌不会改变。它就代表苹果公司。我会对他们说：“你们可以继续尝试，但是你们真的是在浪费时间。到时候某人就会说：‘你知道吗，你那一套就是不行。你被解雇了。’”

所有在全球化公司工作的人都明白，在一些重要事情上，你要展示温和的姿态，但绝不能妥协。在史蒂夫·乔布斯的世界，品牌是要受到珍视和培育的，绝不可被削弱。这一直是苹果简洁化的核心部分，它为苹果的许多重大决策指明了方向。

与品牌面对面

在苹果公司的发展历程中，创建苹果实体店非常关键。在苹果店里，消费者会直接接触到苹果品牌。创建实体店面临的挑战是，设计一个能够传递公司价值观的零售环境，使每位顾客一进店就会感觉到，这就是苹果。

在苹果构建自己的门店之前，人们对苹果产品的体验方式之一，是去授权经销商的店铺。在这些店铺里，苹果只是诸多品牌之一。早几年，苹果尝试了一种店中店的销售模式，对此大张旗鼓地进行了宣传。但此尝试以失败告终。销售人员对苹果品牌就是不上心。对苹果产品，他们并无特别深入的了解。对他们而言，出售一台普通个人电脑和出售一台苹果的 Mac 电脑并无两样，他们都开心。

苹果自有的连锁门店改变了一切。最终，新客户和忠实粉丝都可以与苹果品牌进行接触，并对苹果注重的创新、设计和简洁有亲身了解。罗恩·约翰逊谈到了早期的一些争论，以及对苹果门店品牌的一些微调。在这些讨论和调整之后，第一家苹果商店于2001年开张。

> 记得开张时我对史蒂夫·乔布斯说：要做好准备。现在，人们把苹果与产品相联系，但是在门店里，人们会把苹果与地点联系起来。要知道，我们当初只有3%的市场份额。实体店关系着我们如何拿到其余97%的市场份额。实体店是顾客对苹果的第一印象，门店所有细节都像苹果产品本身一样重要。

这样的工程该从何处着手呢？罗恩解释说，在开始真正建门店前要决定两件事：门店建多大？应该建在什么地方？

> 我问乔布斯展示产品线需要多大的展台，他回答："那么大。"他指向一个会议桌，此桌足以展示苹果的全部产品线。接着我说，那么门店招牌呢？像GAP店那么大？他说："要比它更大。"

罗恩认为，如果苹果门店的面积比GAP店小，那么人们对苹果品牌的感知也会小一些。而这往往正是人们评价事物的方式——小店给人感觉更像古董店。

进行了大量讨论后，我们决定苹果实体店的大小要跟一家典型的GAP店差不多。门店大小定下来之后，其他的一些事情也随之决定下来，比如付多少租金、产生多少盈利等。一开始是讨论苹果门店的大小，后面便是讨论如构建，给予进入门店的人什么样的感受。

乔布斯将苹果门店视为苹果的最新产品，他全力投入此产品的初版设计，希望能够出现轰动效应。但是罗恩研发的根本不是产品，而是一种体验。那些跨入苹果门店的人会沉浸在苹果品牌中，乐此不疲。

> 沿着这个思路，我们基于用户体验去构建实体商店。这种体验比苹果产品还要棒。多数零售店都只是产品的摆放处。而我们设计的门店是一个展厅，在这里，客户能够感受到我们的产品如何与他们的生活相融合。

在一个隐秘的地点我们建了个苹果样板店。在那儿罗恩和他的团队尝试不同的建筑材料、固定装置和商店布局。乔布斯和罗恩每周会一起去那儿看一次。那时，工作团队会告诉他们门店建设的新进展，乔布斯会提出反馈意见。不断尝试，把不同元素整合成为令人耳目一新的东西，这颇费周折。

第一家商店设计完毕之后，乔布斯马上就表态："现在你们再去建一批门店吧。"他不再为每家新门店而费神，因为他知道这些门店都会按照第一家门店的高标准（苹果品牌的体现）进行建造。这使得他能集中精力关注下一个大项目。罗恩说：

> 乔布斯只专注于少数几件事。他喜欢一次集中做一件事。当苹果准备造手机时，他就全力以赴造手机。他会投入一切时间确保一切有序进行。很多公司会同时开发多种产

品，但乔布斯一次只深耕细作一种产品。他总是很专一：“我们先搞这个，然后再搞那个。”他保持着非凡的专注力。

如今对我们多数人而言，苹果门店给人以自然放松的感受。它呈现出“苹果式”的氛围：宽敞的空间和整齐的陈设。这样的设计强化了多数已熟悉苹果的人对苹果品牌的认知，而且大量知识丰富、助人为乐的店员为门店增加了人情味。

敬畏品牌一直是史蒂夫·乔布斯理念的一部分。在《苹果故事：乔布斯的简洁之道》中，我提到了乔布斯关于“品牌银行”的概念。他相信，顾客的每一次积极体验（超棒的广告、美观的产品、高品质包装、完美的门店体验等）就是向品牌银行存款；同时，所有糟糕的体验（缺陷产品、负面新闻、糟糕的广告、不愉快的服务体验等）就是从银行取款。因为乔布斯这样看待品牌，所以他认为，要利用每次机会向银行账户存款，这很重要，因为账户上的高余额意味着苹果赢得了客户。高余额不仅仅使客户对苹果保持忠诚，也为公司提供了保障，并在未来发生始料未及的公关危机时发挥作用。

在向苹果品牌这个银行账户追加存款方面，苹果门店有巨大潜力。

强化而非弱化品牌

尽管苹果前营销总裁史蒂夫·威尔海特离开苹果后，苹果才开始构思建门店，但他目睹了乔布斯对苹果品牌的全身心投入，目睹了它是如何助力简化决策的。

威尔海特说，他感觉自己就像圣火的守护者。他的工作不仅仅是尽可能地提升苹果品牌，而且在他感到出现麻烦时还要有效保护品牌，使其不受损害。他的工作职责之一是，让所有人都一致支持公司品牌。这需要他一直保持警醒。

威尔海特举了个例子。他说，1998 年的一天，一位负责苹果销售的高管出现在他的办公室，一脸兴奋，因为百事可乐公司的人找到他，提出合作事宜。百事可乐正打算在广播媒体上投广告，宣布为消费者送出价值约 3 000 万美元的赠品。他们计划购买 3 000 台 iMac 电脑作为赠品。百事可乐将在所售卖的所有饮料罐、六盒装产品包装，以及硬纸盒产品包装上印上 iMac 的图案。他们将在便利店进行大型的电脑展示，并搞一场覆盖全北美的“买百事可乐，赢 iMac 电脑”的宣传活动。

那时，新的 iMac 电脑产品只是苹果开始起飞的第一步，公司也刚开始复苏。一次性卖给百事 3 000 台电脑，这个想法相当诱人。想到这些，这位销售高管有些喜不自禁，因此当威尔海特迅速而有力地说“不行”时，他大吃一惊。

> 他看着我，仿佛我来自火星似的。因此我向他解释说：“实情是这样的，百事可乐要利用我们的品牌资产，将我们的产品作为人们随意抽中的奖品，以帮助他们卖出更多的糖水。我们是卖了 3 000 台 iMac 电脑，但是我们没有告诉任何人我们是谁，我们代表什么，以及为什么我们代表的东西如

> 此重要。我们没有以任何方式解释自己的价值主张。我们没有告知消费者，我们的电脑最便于上网，拥有最佳设计。什么也没有。我们的产品仅仅是一件礼品，一件送给碰巧买了一听带来好运的百事可乐的人的礼物。所以我们不打算跟他们合作。”

一番话让邀功好胜的销售高管十分扫兴。他相信，威尔海特放弃了一个巨大的营销机遇，于是他直接去找乔布斯谈。乔布斯不仅非常支持威尔海特，还在事后感谢他有效保护了苹果品牌。

> 那时，我们刚刚从微软借了 1.5 亿美元，试图重塑苹果品牌。在这种情况下，我不知道有多少的 CEO 会婉拒媒体宣传本公司产品，并对一次性获得 3 000 台电脑的销售收入说不。

这种思路使苹果品牌在世界最具价值品牌排行榜上一直名列前茅。如果将品牌看得至高无上，那么即使是令人棘手的决策也会变得简单起来。

威尔海特说，他接受苹果营销总裁职位的首要因素是，他相信品牌的力量，想为一家跟他有同样想法的公司工作。毫无疑问，乔布斯也认同这一点。在乔布斯任用威尔海特前与他的谈话中，很清楚的一点是，乔布斯认同营销的这些作用：强化品牌、明确消费者对品牌的感知，并统领公司各个不同部门。

他也懂得，必须长期对品牌进行培育，使其成长壮大。

一以贯之是品牌的挚友

威尔海特的有关品牌的故事让我想起同一时期我作为苹果公司的广告代理的一段经历。我们的职责是为苹果创作广告，这些广告不仅宣传苹果最新产品，还要帮助苹果品牌银行积累存款。

广告业所有富有创造力的人都想做出一些新颖的东西，绝不因循守旧。然而和苹果这样的品牌合作时，这种强烈的愿望会让你碰壁。你希望以出人意料的方式使品牌焕然一新，但在外观和感受方面，你必须在已划定的框架下行事，不这样做就会伤害品牌。

一次，负责苹果广告的团队迎来了一位新艺术总监。他曾出色地为另一著名品牌出谋划策，受到广告创意界好评，因而声名鹊起。他才华出众，为人和善。我们相信他是合适人选。

然而六个月后，他离开了。

情况是这样的，这位新总监没有珍惜苹果多年构建起来的品牌资产。他很想标新立异，设计的广告看起来结构杂乱、节奏过快，这与苹果品牌倡导的简单和从容不一致。他甚至不使用苹果字体。相反，他选择了潦草的手写体。

这位总监不仅不理会广告创意的规则，还将苹果多年积累下来的品牌资产抛在一边。对类似史蒂夫·乔布斯这样的人而言，这位总监的创意坐实了人们对他“为创造而创造”的不安猜测，而这与创意服务品牌的做法截然相反。

又一次，组织文化抵御了外来入侵者。当那位艺术总监的想法受到冷落，有时是很不客气地遭受冷落时，他很快意识到此地不可久留，于是他又回到了之前对他推崇备至的地方。

事实上，成功的品牌绝对会逐步演变，常常沿着令人惊喜的新方向变化。但它们绝不会轻易放弃那些帮助消费者认同该品牌的一些特征。这些特征包括图形设计、版式，或者姿态。

“一以贯之”一词既可用于贬低也可用于褒扬。在用作贬义时，正如拉尔夫·瓦尔多·爱默生的名言：“如果一以贯之，伟大的灵魂将无所事事。他只好顾影自怜。”

然而，一以贯之既有助于简洁，也有助于创造。以苹果的营销宣传为例，一以贯之拥有巨大的简化作用，它使公司对外发出一致的声音，也保持了一定的发展空间。史蒂夫·威尔海特非常清楚地说明了这一点。

> 苹果发现，留白和色调可以带来很棒的效果。苹果继续给人以清新感、舒适感以及独特感。从“不同凡想”到 iPhone 和 iPad 产品，从中我可以看到一条故事脉络，此脉络串联起苹果品牌。虽然故事有起有落，但是故事线是连贯的。它使得苹果品牌历久弥坚。

虽然数十年来苹果广告给人以一以贯之的感觉，但它们也有令人印象深刻的变化，就如同苹果的产品一样。究其原因，一以贯之并不仅仅令顾客有熟悉感，也为品牌的理性发展提供了渠道。

在澳大利亚，我发现了一个非同寻常的案例。它是经过多年

(也包括几年的休眠期)发展而成的金融品牌。

即使沉睡的品牌也蕴含力量

墨尔本是澳大利亚第二大城市，位于澳大利亚第二大州维多利亚。在墨尔本，银行业的一系列举措表明，忠诚于某个品牌可以构建一种更简单的商业模式。

此故事涉及维多利亚三家银行：西太平洋银行、圣乔治银行(St. George Bank，业务遍及几个州)以及墨尔本银行(Bank of Melbourne，一家维多利亚州立银行)。

西太平洋银行的母公司是西太平洋集团(Westpac Group)。该集团于1997年收购了墨尔本银行，并迅速将此银行命名为西太平洋银行，使墨尔本银行这个品牌成为历史。过了几年，一场并购后，圣乔治银行也成为西太平洋集团的一部分。到2011年，西太平洋集团在维多利亚州控制了圣乔治银行和西太平洋银行的全部分支机构，但是业务量并没有激增。

就在此时，斯科特·唐纳(Scott Tanner)加入西太平洋集团，被委以重任，在维多利亚州创建高效益的银行业务。斯科特笃信简洁的力量，简洁之力助他在澳大利亚银行业取得重大成功。斯科特说：

> 我之前供职于贝恩咨询公司(Bain & Company)。在那里，我一直强调要简洁。公司有一个分部叫“减少复杂性小组”。在我看来，这就是问题的核心所在：我们甚至不能起

一个简单的名字。连名字都如此复杂，倡导简洁谈何容易。

斯科特将这种理念带到了西太平洋银行，并用于解决当下问题。他发现，在维多利亚州竞争激烈的市场中，任何新建银行都会面临严峻挑战。

> 要在熙熙攘攘的世界中辟出一条道路，就必须秉持一个简单的、具有统一力量的、关于如何做银行业务的想法。它能让你抓住重点、一以贯之。

当斯科特及其管理团队开动脑筋搜寻想法时，他们被本土品牌的力量所吸引。虽然国家银行和国际银行以规模和实力见长，但很多消费者相信，本土化品牌能更好地了解他们的生活和需求。全世界范围内，有 20%～45%的消费者和商家使用本土银行。然而在维多利亚州，这个数字仅仅为 13%。

这种市场份额上的差距构成了巨大的发展机遇。为什么维多利亚州人不使用本土银行？逻辑推理的结果是，本土人的需求未得到满足。因此，重视本土成为这家新成立的银行的核心思想，也构成斯科特“一以贯之做品牌”的故事基础。

此想法直接使墨尔本银行品牌得以复活。一家致力于服务维多利亚州本土人士的银行很可能会引起当地人的共鸣。银行理念会吸引他们，因为身为维多利亚州人，他们会因为自己受世人瞩目的生活方式和商业环境而倍感自豪。

斯科特坚信，当本土银行全国化时，客户和员工都会渐渐失去对银行的情感依赖。深深扎根于本土社区的特点会给墨尔本银行带来新机遇，使之与本土人士建立新的情感纽带，并形成良好的口碑。后来的情况正是这样。墨尔本银行重新挂牌的第一天，就出现复兴的迹象。

斯科特觉得，重要的一点是，重塑品牌应立足于未来，而非沉湎于过去。他想着力打造一个具有鲜明特色的墨尔本银行。他绝不想做“全能王”，因为多数银行正是这样的“全能王”。

墨尔本银行专注于三项业务：家庭理财业务、初创型或成长型公司业务、养老金业务。虽然斯科特振兴的是过去的老品牌，但他实际上赋予了公司新的生命。斯科特说，这是一次脱胎换骨。

> 作为新成立的公司，我们具有其他银行没有的自由。因为公司现在更简洁、更专注，在充满竞争的银行业，我们开辟了更广阔的道路。我们不需要去保护什么遗产。我们可以一心一意按照我们的设想去构建银行的未来。

基于“本土银行”的想法，一个新银行品牌应运而生。其后便有了一些有趣而大胆的决策。一个大的变化是银行分理处的空间布局。以往银行分理处的空间设计重在其交易功能，而现在的人们通过个人技术就可实现这一功能。与此不同，新分理处的空间设计重在提升人们的互动交流。斯科特说，如果你旨在进行愉快且富有成效的对话，那么对话的一方最好不是被安排在笼子里或坐在防弹玻璃后。

因此，斯科特采用了一种重在互动的欧式设计。职员在营业大厅中与客户进行面对面交流。如果需要，他们可以和客户坐在电脑旁，帮助其解决问题或为其提供建议。

在重新设计一种与品牌匹配的顾客体验时，斯科特不得不对招聘标准也进行了重新思考。毕竟，坐在笼子里的员工已习惯了这种模式，感到很自在。要在大厅与客户进行互动，他们可能会感到不适。今天，墨尔本银行有70%的客服人员均来自银行业之外。

> 我不想雇用来自其他银行的人。我想组建的工作团队要确确实实喜欢与人打交道并热爱客服工作。我为每个分理处都招聘了一些当地人，因为他们熟悉当地语言风格和文化。这又一次说明，我们采用了那个简单的、有凝聚力量的想法，并将其运用到方方面面。

这种简单的品牌想法还结出什么其他果实了呢？它直接导致客户呼叫中心的设立。斯科特觉得，如果没有本地呼叫中心，墨尔本银行就无法成为一家真正本地化的银行。因此，银行就在墨尔本市中心设立了呼叫中心。过去，呼叫电话有可能被转到另一个地区，而现在，客户电话由当地人接听，这些接听者能更好地与客户交流，对他们的问题有更切身的了解。

银行分理处的外观变化速度之快令人印象深刻。2011年的一个星期五，圣乔治银行的分理处关上了大门。周末期间，分理处的引导标志、陈列品以及布局都换成了与墨尔本银行一样的。周一早上开门营业时，一切都焕然一新。

> 对所有参与其中的人而言，那个周末的变化就像亮起了一盏明灯，作用非同凡响。员工士气高涨，因为他们明显感觉到公司在采取与以往不同的行事方式。我们构建起了致力于不断为维多利亚当地人和当地社区做贡献的工作团队。墨尔本银行也是他们的银行。

维多利亚当地人，以及住在外地的维多利亚人，都对墨尔本银行感到自豪。原因有三：一是墨尔本银行和当地人最爱的体育竞技场，即墨尔本板球场建立起合作关系；二是银行打入了墨尔本生机勃勃的食品行业和葡萄酒行业，还参与了当地的艺术和文化组织活动；三是银行鼓励每个分理处深入草根阶层，走进社区，支持一些小型的地方性组织。2013 年，银行还设立慈善项目，为社区性组织提供了超过数百万美元的资金支持。

墨尔本银行鼓励员工参与社区活动。斯科特认为，雇员投入时间和精力，贡献他们的才华，更多的是出于一种热情。与社区互动会深化银行和社区的关系，并对人们的生活产生极大影响。

在斯科特的领导下，银行的慈善活动和初心更推动了银行的成功。最初的 34 家分理处扩展为 100 多家，雇员人数也从最初的 300 人增加至 1 200 多人。

清晰而且一以贯之的品牌是企业成长的强有力引擎。

品牌的简洁力量

尽管一些评级机构可能会让你相信品牌可量化，但量化品牌并非轻而易举。这是因为，正如我们看到的，对品牌的认知受到多重因素的影响。

一些领导者对品牌有直觉，这种直觉有助于他们引导和保护品牌。在关于产品或广告宣传的会议上，他们可能会先仔细考虑一个新点子，然后得出结论说："这根本就不是我们。"这就等于说，此点子不对品牌路子，不能起到强化品牌的作用，或者甚至更糟，它会削弱品牌。

一个强大的品牌对公司领导者、雇员以及客户都具有简化效应。对公司内部人员而言，当公司进行决策时，品牌可以指出正确的方向。对于公司外部人员而言，品牌事关他们对公司的"了解"，品牌构建起他们对公司的感知，也事关他们如何将这种感知再传播给其他人。

基于所有这些原因，信奉简洁力量的领导者往往会毫不动摇地致力于培育品牌。所有培育品牌的努力都是在向品牌银行存入款项。

THINK SIMPLE

第 6 章

简洁：通用的力量

这是不可改变的自然法则：小公司比大公司更简洁。毕竟，如果公司只有 20 人，在一间小小的办公室工作，事情就不太容易变复杂。小公司有其好的一面：组织层级更少、更专注、产品线更小、沟通更顺畅。

然而，即使大公司做不到完全简洁，但它绝对可以相对简洁一些，且简洁化给大公司带来的收益将是无限的。事实上，简洁化的一些最佳经验就来自在各方面与复杂化做斗争的公司。我指的是银行、电信公司、跨国公司，以及在多个分部雇用数千人的公司。

无论这些公司初创时有多简洁，随着时间的推移，“事情变得复杂了”。产品线扩大了，员工人数增加了，组织层级规范了，流程扩增了。一度似乎专注而美好的公司突然发现，自己在疲于应付，因为员工的士气不再高昂，客户也不再满意。

大公司如何应对复杂化的影响？在一些案例中，复杂化在数年甚至数十年的时间内给企业带来破坏性的影响。许多接受我采访的人都持相似的解决思路：他们站在客户角度思考问题。

他们信赖根据多年经验而获得的直觉，而且他们站在客户角度看待自己的企业。基于这两点，他们能给大公司的运营带来清新简洁的方式。同样重要的是，即使不得不以简洁化的名义批评员工，他们也毫不犹豫。真正钟情于简洁的领导者会勇于挑战那些要么武断、要么烦琐、要么违背简洁逻辑的公司流程和政策。

有些大公司从来不需要面对复杂化危机。公司创立早期就倡导简洁并将其融入公司文化。对这些公司而言，它们的挑战是避免自满。成长为大公司后，它们高度重视、严加防范、努力杜绝复杂化生根发芽。

无论是努力将复杂的组织简洁化，还是提醒成长型公司严防复杂化，从商界一线领导者那里，你都会获得有价值的洞见。

苹果重回“简洁、质朴之路”

在《苹果故事：乔布斯的简洁之道》一书中，我将简洁定义为智慧和常识的结合。此定义主要基于我对史蒂夫·乔布斯的观察。他的一系列行动措施扭转了苹果的颓势，才有了苹果今天的局面。

没错，乔布斯许多众所周知的决策都很大胆，对世界产生了诸多影响。但是，在一周又一周地指导新产品研发、制定营销计划的过程中，他的许多决策都显而易见且合乎逻辑。有时我感觉，常识，或更准确地说，按常识行事的能力，是乔布斯最大的实力。

1997 年回归苹果公司时，他在苹果推行简洁化。他所做的一切可看作一种“概念验证”。在致力于简洁化之前，你的公司需要进行这种概念验证。他的验证说明了：即使深陷复杂境地，优秀公司也能以最戏剧性的方式实现华丽转身。

回归苹果后，乔布斯一开始的动作之一就是炒了前 CEO 吉尔·阿梅里奥的广告代理团队，重新启用了老搭档李岱艾广告团队。同时，他解聘了大部分阿梅里奥时期的高级营销团队成员，并任命艾伦·奥利弗（Allen Olivo）为新的营销团队领导。

乔布斯回归前，艾伦已在苹果工作数年，所以对乔布斯如何改造苹果，他的观点蛮有意思。因为乔布斯比谁都精明，一点都不傻，所以我觉得艾伦说的话挺有意思：一眨眼工夫，乔布斯就让苹果的“简单的、愚笨的方式”复活。艾伦的意思是，乔布斯重构苹果的方式是职能驱动型的，此方式既清新又简洁。

> 谁负责什么事，非常清晰。“不要管她的事，因为我会去管。如果她不好好干，我会开了她。你管好自己的事吧，因为我会监督你。”
>
> 我认为，乔布斯之所以采用这种基于职能的简单方式，那是因为只有这样，他才清楚谁负责什么。

我们已经谈到，乔布斯非常希望招募到最聪明的人。他不仅天生善于发现人才，而且还善于为他们提供发挥聪明才智的空间。对此，乔布斯有其独特的说法，他说这个过程就是“让这些家伙燃烧起来”。

回归苹果后，乔布斯努力清除苹果过去 11 年形成的条条框框。他过去被开除就是大公司的组织结构惹的祸，因此重新执掌苹果后，他就试图简化苹果复杂的管理层级。不再有各种委员会，也不再有复杂的审批流程。他要恢复创业精神，鼓励创新思维。

乔布斯的目标是再次让苹果成为创新型企业。为此，他需要招募具有创新能力的人才，他们的创新要给人以耳目一新的感觉。接下来发生的事你也许很熟悉，但是任何考察简洁化价值的书都不能忽视这些事情。

在考虑了该从何处着手后，乔布斯便去了苹果设计团队的秘密驻扎地。在那儿他见到了乔尼·伊夫及其设计团队成员。当时苹果公司对突破性设计毫无兴趣，乔尼及其团队实际上已心生厌倦，打算离开。在阿梅里奥执掌苹果期间，公司对设计的重视程度下降。由于仍然想让公司撑下去，阿梅里奥的管理团队非常谨小慎微，不想做任何大的转变。而冒险的设计就是大的转变。

乔布斯让乔尼放心，说设计将在重整后的苹果发挥重大作用，并且说服乔尼留下。事实证明，对乔尼的职业生涯而言，留下不是坏事。

使苹果未来不同凡响的是，乔布斯本能地授权给乔尼及其设计团队。他确保具有人性化的创新精神（在过去数年，这种人性化创新精神已受到侵蚀）的人在管理层有一席之地。通过这样的举措，乔布斯为停滞不前的公司确立了一个显而易见的行动焦点。这一下子就再次表明了苹果的使命、文化，以及价值观。

如果乔布斯没有授权乔尼，苹果也许永远不会恢复到今天这样。对任何处于停滞状态的公司而言，从这个故事中可学到一个很好的经验：解决问题的方案完全有可能就来自公司内部。然而，正如乔布斯所展示的，要激活苹果，就要重新厘清轻重缓急、授权给对的人，这些都不可能一蹴而就。

接下来，乔布斯便着手排除干扰事项，以便一心一意聚焦重要事项。头号干扰事项就是苹果与微软打了数年的官司。苹果指控微软的个人电脑操作系统 Windows 侵犯了苹果的麦金塔 (Macintosh) 电脑的图形界面专利权。此官司已拖了数年。乔布斯与比尔·盖茨达成协议，苹果放弃诉讼，以换取微软对苹果 1.5 亿美元的投资，微软还承诺，未来五年微软的办公软件将支持苹果的麦金塔机的平台。此承诺使那些考虑购买麦金塔机的人感到踏实。它也有助于微软，因为微软正因垄断行为面临法律诉讼。而此举证明，微软在积极支持非个人电脑平台。

许多苹果粉丝很不安，因为乔布斯要与"敌人"和解。但是，在 1997 年的"麦克世界波士顿"会议上，乔布斯这样反驳说："我们必须摈弃苹果赢、微软输的想法。我们应该信奉这样的观点：苹果要赢，就必须干得出色。如果其他人要帮助苹果，那就太好了。"解决了此争端后，乔布斯便将关注点转回到苹果公司身上。

下一步，乔布斯把目光投向公司产品。在他重回库比蒂诺再次执掌苹果时，苹果在创新和质量方面的声誉已严重受损。公司拥有 20 多种不同产品（笔记本电脑、台式机、掌上电脑、打印机、扫描仪、摄像机等）的产品线，耗资惊人，每一种产品都需要投入资金进行研发和市场营销。公司甚至允许其他制造商在各种非苹果产品中使用麦金塔的OS系统。这里有太多东西需要精简。

1998年，乔布斯推出iMac。就在那时，他宣称自己正在有效终止苹果多条产品线（除了两种型号的电脑）的运营。之前我从未听说任何公司这样干过。

苹果将不再生产种类如此繁多的产品，它将只生产四款产品，就是家用版和非家用版的台式机以及笔记本电脑。产品线的缩小带来两重影响：首先，因维持种类如此繁多的产品而造成资源分散的局面得以终结；其次，给人们带来苹果全新的产品理念。苹果产品的目标不再只是生存。从此以后，苹果的每个产品要么是“最优等级”，要么干脆就不会被生产出来。

通过对产品线进行大幅度的重新定义，乔布斯推出了至今仍对苹果具有指导意义的理念。用简单的话说，就是品质第一、数量第二。乔布斯果敢的决定帮助公司度过了财务危机，并且重新构建起苹果在创新、设计、信赖度和工艺方面的声誉。这使苹果与竞争对手拉开了距离，并助力其成为名副其实的高端品牌。

乔布斯另辟蹊径的做法验证了人们心中对简洁作用的看法：通过精简公司能够变得出类拔萃。

向产品线开刀时，乔布斯也对苹果的组织架构下手。他让苹果旧有的层级结构土崩瓦解，将创意想法而非流程放在首位。1998年，在回归苹果不到一年的时候，他接受了《商业周刊》①

---

① *BusinessWeek*，“Steve Jobs：There's Sanity Returning，” May 25，1998，interview with *Business-Week* correspondent Andy Reinhardt，http：//www.businessweek.com/1998/21/b3579165.htm.

的专访，评估了公司的重组情况。他说："公司结构变得简单明了，而且责任分明。所有一切都更为简洁。"他用"专注和简洁"来总结自己的领导思路。

公司面临危机，随时会厄运降临，这种境况会迫使公司采取行动，就像苹果公司那样。然而为了让公司健康发展，我还是建议，不要沦落到那种境地再采取简洁化措施。

但是在结束危机话题前，先来看看另一家公司的情况。这家公司面临类似苹果的发展转折点，而且公司也受益于一位具有简洁才能的领导者。

简洁重塑金融巨头

在前文我提到了特德·郑，他是韩国现代信用卡公司的领导者。

因为现代信用卡是韩国信用卡业的领军者之一，所以当我跟特德交谈时，我认为他非常了解金融业。虽然他的确对金融业了如指掌，但是令我印象更加深刻的是，他并非来自金融业。尽管有这个"短板"，或许也正因为这个"短板"，他成功地让现代信用卡公司转型，使其获得非凡的成功。

特德起初担任韩国现代汽车集团墨西哥运营处的 CEO，领导已连续十年亏损，拥有 2 500 名员工的工厂。在他领导下，该工厂三年内即扭亏为盈，成为现代汽车集团内最盈利的部门。

此次成功使特德顺利调往首尔，被委以领导现代集团的三家金融分公司、使其扭亏为赢的重任。然而直到被调任后，他才知道这些公司的亏损情况有多么严重。根据预测，那时三家公司合起来的年亏损额高达20亿美元。然而，特德还是从令人恐怖的数字中看到了一线希望。

> 我太太认为我的反应很怪。得知公司那年可能要亏损20亿美元时，我实际上很兴奋。

特德并没有被恐怖的数字吓倒，而是将此看成千载难逢的机会。我们都知道，将失败转化为成功，这是一种极令人兴奋的商业体验。而将巨大的失败转化为成功，那就更令人兴奋了。

特德后来更好地领会到，现代信用卡在现代集团这个大家庭中具有独特性。现代集团旗下还有60家公司，多数都生产汽车和发动机。现代信用卡则不同，它为消费者提供购买汽车之后的金融产品。公司具有巨大潜力，因为它可以在人们的生活和生意中扮演重要角色。

但是，如何着手使公司实现盈利呢？特德用几个月的时间去了解公司，并以最真诚的方式做自我介绍。他这样对雇员说："我不太了解信用卡业务，但是我已做好准备让公司走上正轨。请相信我。"

尽管许多人对于说"请相信我"的任何人都本能地持怀疑态度，但是特德找到了合适的表达方式，获得了雇员的信任。跟员工越多地沟通公司的发展方向，他就越认识到有样重要的东西缺失了。员工没有使命感，他们的激情无处释放。员工需要的是一个中心焦点，某个象征公司使命，并能激发公司不同群体追求共同目标的东西。特德描述说，他们缺失的是“战斗目标”。

> 我们的雇员不知道谁是敌人，不知道该朝什么方向瞄准。总体而言，他们缺少动力，感觉空虚。要开始改革，我必须营造一个战斗前线。

一天晚上8点钟左右，公司大楼几乎空无一人，特德在公司办公区域散步。他碰巧看到有四个人仍在一间小办公室里工作，于是便和他们攀谈起来。他问他们在做什么，他们说在设计一种新的信用卡。

特德对员工工作到深夜很感动，就去外面的星巴克给每人买了一杯咖啡，并请他们讲更多东西。员工告诉特德，他们正在重新设计一种返现卡，这种卡让购买现代或者起亚汽车的消费者在购买后即可获得高达500美元的返现。一旦购买，这笔钱就会记入客户的信用卡账户。购买次数越多，返现就越多。特德觉得这种卡很不错。这就是他在寻找的“战斗目标”。这种信用卡叫M卡，它提供了与众不同的服务，而这种不同将体现现代信用卡公司的新精神。

公司原本打算在这个项目上投50万美元。特德把投资额提高到5 000万美元。如果这是公司的单一焦点，那么他想把它做到令人称奇。特德说：“就让我们把它做大到巨大。”随着投资额的提高，他所用的词也提高了级别。

> 1月份，我临危受命来到这里。几个月后，我就开始发放新的M信用卡，并提高投资预算。很多人说我疯了。如果

> 我们的年亏损有可能高达20亿美元，怎么可以再多花5 000万美元？我说："亏损20亿美元跟亏损20.5亿美元有什么区别？我们横竖都是亏。"

之所以投资这么多，特德是为了给现代信用卡树立一个正面形象，同时也向员工传达强烈的信号。

> 这是我们的新产品，我们将全心全意打造它。这就是战斗目标。公司每个角落的每个员工都需要瞄准它。如果成功了，我们就拥有光明的未来。

此项举措使公司以前所未有的方式整合起来。支离破碎的公司重新团结一致，所有人都同心协力，瞄向同一个新目标。

这只是开端。特德知道，如果员工心存恐惧，局面就不会有大的改变。为了消除恐惧、鼓舞士气，他又做出了惊人之举：给每个员工的工资涨10%。

为了使公司重新焕发活力，他还招募了一些具有非凡才华的人。他并不注重招募聪明的信用卡专家，而是注重招募一些来自不同领域的非常出色的人才，因为他们可以为现代信用卡带来新的思路。

此举与史蒂夫·乔布斯的方式具有异曲同工之妙。在1996年的一次由美国公共广播公司（PBS）出品的名为"书呆子的胜利"（Triumph of the Nerds）的电台节目中，乔布斯说："我想，苹果的麦金塔电脑之所以伟大，部分原因是，创造它的是一些音乐家、诗人、艺术家、动物学家以及历史学家，而他们恰好也是世界上最棒的计算机科学家。”

特德感觉，教会聪明、有创造力的人一些信用卡业务不难。相反，从这些来自不同领域的人身上获得的收效要远远超过业务教育的投入。他招募的多数人都很年轻。他的首席助理 33 岁，成熟而老练。

他还构建了六人领导团队，后来增至 12 人。最终，领导团队半数以上成员来自信用卡圈外。正是这个团队帮助现代信用卡选择了一条走向振兴和成长的创新之路。他们每周会开两小时的碰头会，讨论下一周要解决的问题和采取的举措。

因为将严重亏损的公司转变为在韩国很赚钱、很受欢迎的公司，特德受到商界媒体的关注。他将成功归因于简洁的力量。公司的成功源于：通过开辟一个会凝聚人心的“战斗目标”将使命感灌输给员工；授权给合适的人才，即使他们并非行业专家。

M 卡在 2003 年推出，仅一年后就拥有了 100 万用户。四年后，它成为韩国最畅销的信用卡，拥有 500 万用户。

M 卡的非凡成功让现代信用卡公司度过了严重的财务危机，也让公司看到了前方无限的可能。一种新思路为公司在未来取得更多的成功奠定了基础。

即使公司明显处于运营失败的状态，特德也并未从一开始就进行全面改革。特德快速推进少数关键性变革。接下来，领导团队定期开会，提出一些新思维和新战略，他便随之在每一个或每两个月推出公司新政。

虽然类似特德所面临的公司危机和困境正是推行简洁化的动

力，但是推行简洁化有一个更棒的理由——它本身就是好生意，特别是当公司所处的行业以复杂而著称时。

大银行真能变得简洁吗

历来大型银行都面临赢得客户青睐的艰巨任务。消费者对大型金融机构的看法都不怎么样。毕竟很长时间以来，人们去这些银行时，都不得不应对令人困扰的选择、死板的规矩，以及不断提高的费用。

澳大利亚西太平洋银行的故事表明，简洁如何能在极具挑战的环境中扎根，并产生好的成效。

西太平洋银行的 CEO 布莱恩·哈特兹曾在苏格兰皇家银行（Royal Bank of Scotland）担任过负责英国零售和财富管理业务的 CEO。那时，他就积累并形成了关于简洁的一些想法。当时，苏格兰皇家银行状况糟糕，和苹果公司在 20 世纪 90 年代后期的情况类似。布莱恩着手对银行进行改革，将简洁化作为目标。他重新审视了银行的产品、服务、呼叫中心和其他方面。

> 我们的课题是：专注于我们掌握的东西——我们业务的核心——并确保将其做好。这样不仅能降低支出、提高收入，还会减少一些风险，因为更复杂、更多样意味着出状况的机会也更多。

2012 年，布莱恩加入西太平洋银行时，银行财务状况还好。然而，世界在快速变化，技术在升级，又刚刚经历了全球金融危机。银行不得不应对诸多来自监管和社会的变化。除此以外，澳大利亚银行界本身竞争也很激烈，布莱恩面临着一系列重大挑战。

他很快注意到，有两个问题阻碍西太平洋银行延续其成功：银行提供的产品较复杂，银行发展战略的定位不清晰。布莱恩实现简洁的方法是："追根溯源"。

> 很多人说，银行的技术平台和运营很复杂。但如果追根溯源，就会发现最初的产品形态，它们纯粹而简洁。你渐渐意识到，银行几乎所有复杂的东西，诸如系统、流程、政策等，实际上都只是结果。随着时间的推移，产品被赋予了新的特点和功能，或者面对潜在市场机会投放新增产品。这种情形导致复杂化产生。

布莱恩注意到，这种不知不觉形成的复杂性在大型银行很常见。他发现，这一切之所以发生，是因为产品经理总是在经理办公室待着，根本不和那些与客户打交道的雇员打成一片。

这些产品经理常常具有市场营销背景，往往将银行产品看作打包出售的货物，就好像卖肥皂似的。布莱恩说，当要求他们扩大市场份额或者增加收益时，他们就会拿出惯用的同一个工具包。

> 他们要么搞广告活动，要么重新定价，要么扩大利润，要么削减支出，要么推出弥补之前产品缺点的新产品，就像"当我只有锤子时，所有东西看起来都像钉子"。

因为产品经理本身不搞销售，所以他们不知道，自己的一些举措实际上可能会如何影响销售人员。随着时间的推移，产品变得太复杂，连销售人员都很难向客户解释清楚。更糟糕的是，销售人员自己也会搞不清。

布莱恩决定采取行动，用员工和客户都能快速理解的工具和产品来武装一线销售人员。在他看来，这种简明化不仅让银行业务更好做，也为银行带来了更多利润。

> 我的观点是，更简洁的产品实际上更能让员工发挥才干，更方便客户理解。因此产品种类少一些，实际上也有益于盈利。

以这种方式简化银行业务，也会在风险和监管方面给银行带来益处。如果流程变得更简单了，差错就会更少。出错少，监管者就会满意，也可以节省时间。

> 在我看来，金融服务的简洁化，可以在收入、支出和风险三方面取得多赢的局面。

一般来说，我只会说三赢，但是对于布莱恩，用多赢并不为过，因为对银行来说，这三方面至关重要。

倡导产品系列简洁化实际上并不难。在一个类似银行业的复杂环境里，一个简洁化举措立马就会得到大家支持。布莱恩说，简洁就好像母亲一样，所有人都爱她。

布莱恩还谈到语言对简化大型组织的力量。我在《苹果故事：乔布斯的简洁之道》一书中有深入的讨论。通过使用简洁、有力、令人难忘的语言，苹果扩大了它的成功。

为了改善银行的组织管理水平，布莱恩在银行搞了一项练习活动，要求员工设想西太平洋银行未来的客户体验。他的想法是，如果能够清晰地描述出愿景，他们的工作目标就会更明确。

> 工作团队想出了很多具体的他们想要实现的点子，这太棒了。当我坐在那里，试图将其理出头绪时，“推陈出新”一词便出现在脑海里。

布莱恩发现该词在银行里具有非凡的力量。它不仅表达了他想要构建的东西，也激励了员工，激发他们想方设法将点子变成现实。

在努力实现简洁化时，永远不可以忘记语言的力量。这并不是说，要把重要的东西编成儿歌，但是仔细斟酌过的措辞真的能凝聚人心。在我的广告生涯中，对广告词的最佳测试就是：“将该广告语印在 T 恤上，成吗?”如果人们骄傲地把印有表达共同目标话语的 T 恤穿在身上，你就知道事情做成了。

在布莱恩的简洁化过程中，还有一词也发挥了很大作用，那就是“英雄银行家”。印在 T 恤衫上，它看起来棒极了。该词是一位员工在工作团队的一次会议上抛出的。它触动了房间里与会人员的心弦，因为用该词描述银行家，令人意想不到。

布莱恩承认，如果行业外的人听到这个词，他们很可能会莞尔一笑，但这个词在银行的员工中产生的影响却是巨大的。

> 当我告诉员工，我希望他们成为客户眼中的英雄银行家

> 时，他们就不再只是服务提供者了。如果工作出色，他们就会成为客户眼中的英雄，因为他们帮助客户创建了更美好的未来，帮助他们解决了可怕的财务问题，帮助他们拥有梦寐以求的家，帮助他们确保稳妥的退休生活，并帮助他们解决其他财务问题，等等。所以现在他们会自问："怎么才能成为客户眼中的英雄?"

要将英雄银行家的想法付诸实践，布莱恩必须招募合适的人。他必须确保员工接受适当的训练，以便他们可以被赋权，在工作现场可以当场决策。当员工站在客户立场，体会到客户的迫切心情，而且为客户解决了难题时，应当受到嘉奖。

> "英雄银行家"一词可以被应用到诸多其他举措中，以便推动银行发生积极改变。一个简单的想法带来了一系列非常明确的行动。

在如此大型的银行里，有如此多的办公地点，要让所有人都同心同德，这绝非易事。然而，那简单的话语却像野火一样在公司传播开来。布莱恩开始收到来自员工的邮件，说："我想说一个伟大的英雄银行家的事迹……"

我们坐在一起交谈时，他提及最近收到的一封邮件，这封邮件讲述了西太平洋银行雇员的英雄之举。该员工在紧急情况下采取行动，开车送一位病倒的客户去医院，并一直陪同，确保她得到很好的医治。虽然此次突发情况与银行业务几乎没有关系，但此举无疑符合"英雄银行家"一词的广阔内涵。它表明银行雇员愿意伸出援手帮助客户。

另一封邮件描述了与银行业务有关的英雄之举。一个客户要在周日主持一个筹资活动，但直到周五他才想到要准备一台信用卡终端机。遗憾的是，根据银行规定，不可能在那么短的时间里提供终端机。获悉情况后，西太平洋银行分理处经理快速行动起来。他想方设法联系到那些可以将此事特办的人，成功地帮助客户获得一台终端机。而且他还亲自将终端机送到客户手中，最终这位客户顺利地为有意义的事业筹集到 35 000 美元。

布莱恩告诉全体员工说，此分理处经理成为客户眼中的英雄。他不仅只在办公室打打电话，而且采取了具体行动，提供了对客户而言天大的服务。客户获得了那样的服务。

“英雄银行家”这个点子在银行内触发了一场热情洋溢的活动，而且它再次证明，简洁的话语足以为简洁化提供能量。

> 坦率地说，使用这些话语所产生的作用令我惊讶。就在一个小时前，我在跟我的风险管理团队开会，会上他们展示了他们目前所有的项目如何遵循“推陈出新”的原则进行。当简洁转化为语言，它真的很厉害！

在西太平洋银行，布莱恩正在将简洁理念灌输到组织中。他通过追根溯源恢复一度缺失的简洁，并采取行动使工作团队更加专心致志。

现在让我们看看一家由小变大的公司如何固守简洁原则。它远离复杂的数字和流程，单纯视创意为公司法宝。

控制增长亦是简洁

蓝人组（Blue Man Group）不仅是独特的娱乐品牌，也拥有引人入胜的发展故事。它为简洁的力量提供了非同寻常的实例。

故事始于 1987 年的街头三人秀，后来三人创立的公司发展成了拥有近 600 名员工的演艺公司。公司在美国五个城市和柏林拥有永久剧院，并在加拿大、英国、荷兰、瑞士、日本等地进行长期巡演。到目前为止，蓝人组已在世界范围内为 3 000 多万观众表演过。

蓝人组提供的是集表演艺术、音乐、喜剧和电声于一体的独特表演形式。他们来自何方，无人知晓，但是观众看到的是三名具有蓝色面孔（还有蓝手）的光头人，他们在纯粹的好奇心的驱使下，经历一个又一个有趣的冒险。他们演奏超凡脱俗的打击乐，在表演中营造一种令人震撼的炫彩世界。他们和观众互动，以奇妙、有趣的方式带观众一起加入他们的发现之旅。

克里斯·温克（Chris Wink）是蓝人组的创始人之一，公司现任 CEO 和首席创意官。另外两位创始人分别是菲尔·斯坦顿（Phil Stanton）和麦特·格尔曼（Matt Goldman）。菲尔·斯坦顿是舞台制作总导演，而麦特·格尔曼是蓝人学校（Blue School）的校长。（是的，有一个蓝人学校，它是拥有远大抱负的蓝人们学艺的地方。）

从一开始，他们三人就想要公司发展壮大起来，但不能以牺牲创造力为代价。他们理性地决定，公司成长要慢慢来，要经过深思熟虑，并且创意标准永远不可以放松。这就是他们的简洁之处。

蓝人组的使命是：创造奇妙的观众体验。它成为驱动他们前进，并最终助其成长的力量。在公司整个存续期间，该使命都是他们的重中之重，而为更多人演出更多场次则是次要的。

创办一段时间后，蓝人组才步入正轨。1991 年，他们在纽约上演了首秀，该秀由外部制片人主导。此后三年，他们每晚都上演蓝人秀，一天也没中断过，直到三年合同期满。合同结束后，他们才成为蓝人秀真正的主人，开始掌控自己的命运。从此开始了他们缓慢但有明确目标的成长。

克里斯谈到，在蓝人组火了之后，他们曾获得一次绝好的机会：在百老汇与其他最受欢迎的表演秀比肩演出。但他们谢绝了。

> 谢绝百老汇邀请是我们做过的一件最重要的事。如果我们去百老汇，就会发展过快，没准我们的秀早就停演了。保持小规模，我们就可以慢慢打造一个“有机体”。有我们自己获得的利润托底，我们可以更健康地成长。我们渐渐成为具备制作能力的演艺公司，开辟了其他驻演场地。

1995 年，蓝人秀开始在波士顿上演。两年后，他们在芝加哥演出。三年后，又开始在拉斯维加斯表演。在那里，他们有意识地决定不走太阳马戏团的路线。在拉斯维加斯这个娱乐天堂，太阳马戏团在多处场地有不同的演出。如果要走他们的路线，就需要有投资者介入。投资者会施加压力“追求极致”，实现快速增长。相反，在拉斯维加斯他们仅在一处场地上演蓝人秀，直至今日这种模式仍在继续。

适度增长意味着蓝人组可以构建一种可持续的组织文化。创始人要让新员工感觉到，自己从事的是“崇高的事业”，是在尽一己之力点燃观众孩童般的好奇心，而不仅仅是娱乐观众。他们希望公司的所有人，无论是表演者、音乐人、制片人，还是文职人员，都能找到自己在传递这种体验的感觉。

蓝人组不仅抵制快速增长。克里斯说，总体而言，他们的方针是，远离自己确实不擅长的一些平台。

> 我们没有在视频游戏、电影、电视节目或动画这些领域试水。我们坚守自己擅长的业务领域。这更像是一种缓慢燃烧的星星之火。我们是在努力取得成功，但是我们更想获得可持续的成功。我们想要长盛不衰。慢慢增长就是我们有意识的一个选择。

克里斯认为，迪士尼是可以模仿的商业案例，不仅因为迪士尼富有创意的产品，更因为它的经久不衰。迪士尼知道如何不断吸引新客户。

> 我们想要的不仅是成功的蓝人秀。我们还想打造成功的公司，一家长盛不衰的公司。所以，是啊，一想到它已存续了这么久，就感到有趣而惊奇，而我们仍渴望达到更高的发展水平。

克里斯的蓝人组面临和其他公司类似的挑战，即当公司发展壮大时，如何保持其简洁性。蓝人组采取的应对方法是，为聚焦公司使命，使员工行为制度化。因为营造令人称奇的观众体验是他们的宗旨，所以每次表演前，蓝人组都会有特别之举，甚至是观众闻所未闻的举动。

> 对我们而言，这是一种传统。这还真的是前所未有。在百老汇，演出前不会让演员出来，但是我们会这么做，而且会让他们出来几次。这是演职人员的自由时间，没有观众，也无须担心演出效果。这让他们进入蓝人组的“大脑清醒”时刻，并构建一个协作氛围。对我们来说，这很重要。我们就是以这样的方式来表达公司使命的。

现在，蓝人组的组织结构也像大公司一样，设有总经理、财务室、公司办公室等。但是它并没有变得复杂，也没有迷失方向，因为三位创始人竭尽全力将简洁化注入公司治理中。

即使是最简单的想法，也常常需要多次的反复迭代才能形成。要臻于完美，需要历练、坚毅和不屈不挠。对蓝人组而言，简洁这个结果源于大量的工作、投入，以及不断的演进。最终，奇妙的事发生了。

> 随着时间推移，工作变得更简洁，也变得更清晰和更有风采。我们积累的经验可能是复杂的，但是只有那些真正清晰的才真正有效，才是精华所在。实际上，简洁化需要人们付出令人难以置信的努力。

为了说明这一点，克里斯介绍说，对任何现场演出而言，设计有趣的场景过渡都很困难，因为不同场景需要不同的舞台设置。在蓝人组，场间的转换被视作对他们创造力的挑战。如果场间转换做得巧妙，现场观众也会被逗乐。观众不知道这种场间无缝衔接耗费了他们多少心血。又回到重点，有人在幕后辛苦付出，才会带来简洁的感受。

当克里斯观看另一家公司的演出，观察到场景间有暂停时，他的神经被触及了。

> 我的感觉是，“见鬼?”我的意思是，这样做太敷衍了。他们就这样过早地停止了下来。总有一种方法去衔接。你就是需要更加努力。

市场营销是蓝人组“适度增长”的又一个方面。他们承认，经过 20 多年，观众已经换了一茬，蓝人组需要让自己的表达契合现有的观众需求。后来，他们开始觉得那些没有看过其演出的人，并不真正了解他们的演出意趣。于是他们做了一件令人意想不到的事：找了一些未看过蓝人秀的人进行小组座谈，讨论结果对他们启发不小。

> 我们问他们，他们认为节目会是什么样的?他们实在说不出来。他们会说类似“敲鼓或其他东西?”他们说不好。或者对演出有错误印象，比如“可怕的小丑互相争食”。

讨论之后，公司便带着他们去看蓝人秀，然后再召集他们讨论观感。大多数人都很吃惊，演出完全出乎他们意料。这使克里斯和公司其他人意识到，需要以更简单的方式来传达表演的精神内涵。

对克里斯而言，这种努力就像心理治疗过程。他们开始回顾当初的情形，问自己："我们所做的一切到底是为了什么？"

> 如果在酒吧碰到人，他们问我一生都在做什么，我会怎么说？我的工作肯定不仅跟蓝色相关，还有别的什么。那究竟是什么呢？我们探索越多，就越认识到，那就是"活出精彩"。

这个概念非常准确。在舞台上，蓝人表演者充满好奇心，他们以令人兴奋、有感染力的方式引导观众去"探索"事物。独特的流光溢彩（而不仅仅是蓝色），加上电声设备的使用，使舞台场景变得鲜活起来。色彩的运用已经嵌入蓝人组的DNA，他们发现"色彩"二字抓住了蓝人秀的精髓，是非常棒的借喻。这样就有了新的营销宣传主题：活出炫彩生活。

对公司而言最困难的是，找到比较契合公司气质的营销宣传主题。苹果公司的"不同凡想"就契合苹果公司的气质，因为它体现了苹果精神，一种当初在车库创建电脑公司时创始者的初心。同样，"活出炫彩生活"体现了蓝人组的本质特征。此主题让人们将常规抛在一边，体验炫彩生活。对蓝人组而言，类似宣传主题不仅是在营销产品，也是在发出战斗的呐喊。

克里斯、菲尔以及麦特具有一个先天优势，即当蓝人组还是一个小小的初创公司时，他们就是公司的创始人了。公司发展壮大后，他们权力在握，可以发号施令推行简洁化。但事实是，很多尝试简洁化的人并不在关键位置。情况常常是，他们只是大型组织的一员，必须与公司现状做斗争。

那又会是怎样的情形呢？

培养简洁化的主人翁意识

如果不能靠发号施令开启简洁化进程，那就需要得到公司关键人物的支持。要让公司更能接受变化，就需要对人类行为有基本的了解。

丽莎・罗斯-史提芬（Letha Ross-Steffrey）的情况就是这样。她是美国 AMC 影院公司副总裁，分管营销策划。2000 年，她与公司首席营销官及 CEO 一道，重塑了公司的品牌。

AMC 影院公司创建于 90 年前，现在在美国拥有超过 340 家影院，每年吸引约 2 亿观众。品牌重塑使 AMC 焕发生机，干净、舒适的多厅影院为观众提供了高品质观影体验。

2000 年之前，影院的形象并非如此清晰。那时，随着时间的推移，AMC 的形象变得模糊起来。在广告、影院内海报和相关卖品，以及荧幕预告片和正片之前的品牌宣介中，消费者获得的讯息各不相同。在观影者看来，除了影院清爽简洁，AMC 似乎没有足够的品牌吸引力。对于许多观众而言，AMC 就是一家影院而已。实际上，许多人喜欢小时候在传统影院观影的体验，对于大型多厅影院，他们往往不买账。

在这种条件下，丽莎开始着手打造一个简洁清晰的品牌形象，所有市场营销活动都围绕它展开。其目的是，构建一个持续充满活力的、现代化的院线品牌。

丽莎是新来乍到，但幸好公司 CEO 格里·洛佩兹（Gerry Lopez）和首席营销官史蒂芬·卡兰奈洛（Stephen Colanero，也是公司新人）很支持她进行品牌重塑。然而，无论他们拿出什么样的重塑方案，都得获得 AMC 高管团队的支持，而获得高管团队的支持非常艰难。丽莎说：

> 我想，许多公司也卡在这儿。当时，我相信我们需要推陈出新。但是其他一些人还在因循守旧，守着已经存续很久的东西。

若贸然行动，就有可能使一些高管跟她离心离德，渐行渐远。她并没有这样做，相反，她想出了一个策略，让高管团队参与品牌重建历程，让他们一步步跟着走。

首先，她委托一个战略伙伴，进行全面的品牌调研。作为调研过程的一部分，高管团队接受了访谈。这样就确保了他们的意见和感受成为此次调研的一部分。

随着品牌调研的深入，丽莎让调研人员定期向高管团队做简要汇报，以便让他们及时掌握在调研访谈时获得的内容。调研访谈对象包括消费者、华尔街分析师、工作室合作伙伴，以及包括可口可乐在内的一些战略伙伴。

品牌调研完成后，丽莎及其工作团队邀请了不少品牌和广告代理商为 AMC 的品牌重塑业务竞标。同样，她也让高管团队感到自己参与到了这一过程之中。

通过用这些方法让高管参与，丽莎及其工作团队得以重塑AMC品牌，使其形象一致，脱颖而出，广受欢迎。红色圆状的AMC标志有“表情符”的功用。它们就如同一个个生动有趣的人物，向人们展示在AMC观影的积极方面：电影种类繁多、影厅现代舒适，还有“电影俱乐部”会员项目。

考虑到AMC影院遍布全美国，数量巨大，重新设计和统一品牌形象只是一个开始。一旦相关设计获得通过，丽莎就需要让公司新形象在全部院线落地。他们在全美各地举办宣传活动，为新品牌形象造势，并让员工参与这些造势活动。丽莎解释说，公司，无论是内部层面还是外部层面，都立刻从统一的品牌形象中获益。

> 新品牌的推出统一了所有一切——网站、视频预告片、广告、宣传材料、员工工牌、人力资源材料、工资支票、商务名片等所有一切。

因为此次品牌宣传与之前很多年的品牌宣传并不一样，所以如果新营销团队只是简单地委托代理商进行设计并强制推广，势必会导致公司内部的一些人心存芥蒂。重塑AMC品牌的过程有可能引起各方的分歧，但这样的情形并没有出现。凭借对人性的一些了解，她让关键决策人参与重塑品牌，确保他们拥有一种主人翁意识。

我们再次看到最终决策者参与品牌重塑进程的价值。如果不让他们参与进来，最后势必会令他们对重塑品牌的设计大吃一惊，他们不得不在通过和不通过之间选择。但是，如果在重塑过程的一些关键节点上让决策者参与，那么最后皆大欢喜的可能性就会大大提高。

实际上，丽莎采用保守的方式达成了一个不错的效果。作为一名在一个企业文化根深蒂固的公司工作的高管，她不得不寻找一种创造性的路径以实现更富创造性的设想。

AMC 面临的挑战是在美国本土巩固其品牌形象。而对于跨国公司来说，简化品牌形象的任务就大不相同了。

解决跨国公司的复杂性问题

当布鲁斯·丘吉尔（Bruce Churchill）成为 DirecTV 公司拉美地区总裁时，他面临着令人生畏的复杂局面。因为该公司虽然表面上是单个公司，但实际上，它是业务互有交集的多个公司的集合体。

我就不谈那些令人头疼的细节了。简而言之，当鲁伯特·默多克（Rupert Murdoch）的新闻传媒集团（News Corp.）于 2003 年收购了 DirecTV 的美国业务时，复杂化的种子实际上便种下了。当时，DirecTV 在拉美也有业务，在那里公司与一些合作伙伴有合作，其中一些合作伙伴与当地由默多克掌控的一些公司存在竞争关系。

布鲁斯解释说，作为 DirecTV 拉美地区的总裁，他的任务就是理顺这种复杂的关系，使其产生效益。

> 我精心安排了六方人员的合并。实际上，我们买下了新闻公司在拉美的业务，构建了单一的公司，整合了在拉美每个地区的分散的业务。

合并前，公司有300万用户，收入约10亿美元。现在，在统一品牌下，DirecTV拉美分公司有1 800万用户，有80亿～90亿美元的收入。布鲁斯说，公司业务之所以今天还能存续，唯一的原因就是，整个组织找到了简洁之道。

将这些公司统一到同一品牌旗下，这只是一个起点。在简化DirecTV的运营前，布鲁斯需要改变组织结构。原有组织结构之所以慢慢变复杂，是因为它要包容种种复杂关系。

DirecTV公司过去的组织架构是，每个国家的职能主管直接向设在佛罗里达州的总部汇报。例如，在秘鲁、智利和哥伦比亚的市场营销负责人直接向佛州总部的市场营销总监汇报。其他所有业务职能也采用相同的管理方式。此架构导致大量管理人员坐在佛州的办公室，高高在上地监督着在其他国家的业务单位，其中来来回回的沟通没完没了。正如布鲁斯所言，这种情况太糟糕。

> 告诉你，那种管理方式太乱了。我上任后不久，便访问了公司总部。每块业务的负责人都信誓旦旦，说他负责的业务是盈利的。但是合计时，公司实际上快到破产边缘了。
>
> 组织架构已变得错综复杂，财务报告也是错综复杂。不知怎么搞的，每个人都相信自己是赚钱的。每个人都活在自

己的小小世界里。

布鲁斯的解决方案是，砍掉总部的整个管理组织，授权每个国家分公司的管理层，使其对他们自己的业务负责。这就意味着，公司在每个国家的业务单位都自负盈亏，都有销售、营销、人力资源、法务和财务团队。将公司在各个国家的运营简化成布鲁斯所谓的“自然市场”后，这种新的架构立刻让企业变得有活力，而不再像之前那样混乱。每个分公司的运营都给人一种有机的感觉，而不仅仅是机器上的齿轮。这改变了公司在各个国家的运营状况。

公司需要简化的另一方面是为客户提供的技术平台。当布鲁斯走马上任时，DirecTV 拉美分公司使用的技术平台与在美国使用的技术平台不一样。

> 在美国，公司为 2 000 万客户花钱研制了技术平台，然后在拉美又另搞了一个技术平台，这不合理。当时美国的产品比我们的好多了，他们更新换代快，而且经过了市场严格的测试。事情如此显而易见，我就不明白，怎么有人认为在拉美构建另一个技术平台是好主意。

布鲁斯依靠简洁的最好朋友——常识——来拥抱美国技术。我很好奇，对于到底是什么使得“明显错误”的决策大行其道，布鲁斯会怎么看。

> 主要是自我倾向，再加上控制欲。还有，有时人们真的相信有差异化这回事，自然地倾向于认为，在自己的国家事

情就该不一样，不管是否真的有必要。

布鲁斯认同美国与拉美地区之间的文化差异。但是在这种情况下，文化差异妨碍了公司改进相关业务。拉美地区用另一个技术平台，这就是经不起逻辑推敲。

纵观此书会发现，不少领导者都谈到，他们所做的决策到头来都是显而易见的。他们之所以能领导得更有效，是因为能凭借自信做出决策，即使遇到强烈反对也能果断拍板。

这就是所有领导掌控简洁的关键所在。它不是魔法，更多的是经验、常识，以及逻辑的成果，再加上让决策落地的果敢。

简化苹果的营销机器

汤姆·休特（Tom Suiter）同苹果公司及史蒂夫·乔布斯有过一段有趣的经历。1982 年，他被聘为苹果的内部创意总监，并从那时起与乔布斯建立了一段私人关系。多年来，他受乔布斯召唤，服务过苹果不同的业务单元，当过设计师、创意总监、代理总监和创意顾问。

汤姆近距离见证了史蒂夫·乔布斯的职业发展之路，见证了苹果发展壮大时，乔布斯让营销宣传保持简洁化的决策。虽然乔布斯的一些做法让很多人不舒服，有悖于一些传统商业规则，但他实际上只是在凭直觉和常识行事。

在苹果早期发展阶段，乔布斯很犹豫，是继续外聘设计代理，还是让内部设计人员做得更好一些。在汤姆的建议下，乔布斯决定让内部人来设计。他让汤姆构建内部创意团队，最终苹果创意服务团队共有 65 名成员。

总体而言，内部创意服务团队做的是外部广告公司（当时是李岱艾公司）没有做的事情，包括苹果Ⅱ型电脑的产品包装和销售资料，以及之后的麦金塔电脑的产品包装和销售资料。这种状态一直持续，直到 1985 年乔布斯与当时的苹果 CEO 约翰·斯卡利闹翻，被逐出苹果。

汤姆也同时离开了苹果。在接下来的几年中他换了数份不同的工作，但是一直与乔布斯保持联系。到乔布斯买下皮克斯（Pixar）公司时，汤姆和两个同事已创办了自己的 CKS 伙伴（CKS Partners）设计事务所。乔布斯聘请 CKS 来塑造皮克斯公司的品牌形象。

当设计团队一切就绪，可以介绍皮克斯影片的品牌创意计划时，约翰·拉斯特（John Lasseter）和史蒂夫·乔布斯一同来到位于旧金山的 CKS 办公室。设计团队展示了若干设计理念，但汤姆解释说，当时设计者明显偏爱其中一种。

> 他们偏爱的想法是，皮克斯电影中一些酷酷的人物争着要做 Pixar 一词中的“i”这个字母。我们简单地把这些东西粗略地搞成了动画，设计了一个小小的跳跳灯，它跳出来，挤掉 i 的位置，然后骄傲地站在那里。把东西展示给乔布斯和约翰时，我们都很紧张。展示结束时，乔布斯转向约翰说：“不算太糟。”

这是十足的乔布斯式反馈，总是留下改进的余地。然而，皮克斯品牌宣传最终使用的就是这个点子。此创意既有娱乐性，又有亲切感，完美诠释了皮克斯品牌的本质。

这一切都发生在乔布斯离开苹果的那段日子，那时乔布斯也努力在 NeXT 搞些创新。CKS 伙伴设计事务所继续为皮克斯营销宣传做创意工作。然后 1997 年，乔布斯又回到苹果，开始了另一段探索之旅。

此时，CKS 也有更多成员加入，基本上再次成为苹果的创意服务团队，汤姆又扮演起类似他在 80 年代扮演的角色。但是乔布斯并没有止步不前。他认为，在他离开期间，苹果的营销宣传变得混乱和无效。他认为，如果苹果要成功复活，就需要对公司的营销宣传工作进行彻底整顿。

那时，苹果的广告代理商是 BBDO，那是 1985 年约翰・斯卡利请来的。斯卡利担任百事可乐的 CEO 时，BBDO 就是他的广告代理商。汤姆说，在吉尔・阿梅里奥担任苹果 CEO 的末期，对广告代理商的审核就已经开始了。

> 然后，乔布斯给我打了那通伟大的电话，他说："是这样，我决定炒掉 BBDO，我要找一些代理商竞标我们的广告业务。你想跟我一起看看吗？"

一想到会有若干广告代理商得到相同的简要通告，来到苹果，努力向乔布斯证明他们有最好的战略和创意，汤姆就迫不及待地欣然接受了邀请。情况果真就是这样。

汤姆和乔布斯一道听了诸多广告公司的投标说明。其中有波士顿最具创意的广告商阿诺德（Arnold），还有当时名叫李岱艾的广告公司。后者曾是苹果早期的合作伙伴，由创意传奇人物李·克劳执掌。若干年前，李岱艾负责苹果的麦金塔电脑的市场营销宣传，并且因为“1984”这款广告而创造了历史。许多人认为，这是历史上最伟大的商业广告。那是首个为超级碗创作的巨型广告，此广告开时代之先河，后来其他公司竞相效仿。最终，乔布斯选择携手李岱艾公司。在那之后不久便诞生了“不同凡想”的营销宣传活动。

多年来，汤姆同乔布斯和苹果已建立了深厚的关系。当然，和许多人一样，他也曾为乔布斯离开后苹果的衰退感到伤心。那些一度很简洁的局面现在看上去如此复杂。

> 在很多方面，苹果都变得故步自封、沾沾自喜。公司业务极为分散，没有聚焦于重要产品。我记不得具体的数字了，但是乔布斯说，当他重回苹果时，公司内部好像有87个不同的项目。他基本上不留情面，直接毙掉了一些。

虽然没有毙掉跟体育相关的项目，但是去掉约翰·斯卡利时代的残留，无疑使他感到些许痛快。例如，他毙掉了牛顿（Newton），即苹果的首个“个人数字助手”。他之所以收缩战线，是因为要排除干扰，专注于重要项目。他化解苹果起诉微软的纠纷也是出于同样目的。

简化营销宣传也是乔布斯重塑苹果计划的重要部分。汤姆回忆说，在一次会议上，乔布斯将苹果内部的创意团队介绍给 CKS 团队。他告诉苹果的团队说，CKS 团队将承担所有的品牌设计工作，这番话令苹果的工作人员大吃一惊。

他们感到吃惊，因为苹果的工作人员一直认为，品牌设计是他们的职责。现在他们得调整工作方向了。虽然这可能会令一些人感到不安，但是乔布斯并不顾及人情关系或他人的情绪。他就是希望人们了解自己的责任，出色完成本职工作。

在公司发展壮大后，就会重塑市场营销部，增加审批层级，这很常见。乔布斯不在的那段时间，苹果就是这样做的。但是现在乔布斯回来了，他马上就着手让事情重新回到让他感觉更舒服的状态。

他明确说明，自己将作为团队的一员直接参与营销方面的事。他不希望在开展营销活动时自己一无所知。他想参与到这样的过程中。

汤姆把苹果的成功归因于这样的事实：乔布斯对技术充满激情，对营销宣传也同样如此。他从不让公司对外发布的信息变得过于复杂。汤姆曾经与一些著名企业合作过，例如通用电气（GE）和美联航（United Airlines）。乔布斯的工作方式与这些公司的人相较，区别很大。正如汤姆所说，乔布斯的参与带来的是终极的简洁。

> 真正带劲的是我们的每周例会。在过去我们就再没开过这种例会。我的意思是，人们会有多少机会直接与公司的

CEO 一道工作？你把东西给他看，他就直接说："就那样，我就要那样的。"没有没完没了的辩论，也不会要求其他十几个人给出意见。就是"就那样"。

即便没有新东西需要讨论，乔布斯也坚持定期开会。他借此机会谈论自己想到的任何问题。它给团队所有人一种参与感和责任感。

1997 年苹果几乎破产之后不久，一家杂志刊登了有关苹果重生的故事。杂志还登出一张照片：乔布斯同艾维·特凡尼安（Avie Tevanian，负责软件）和菲尔·席勒（Phil Schiller，负责营销）等人坐在桌旁。桌上有一些 iBook 的广告材料，还有一些产品的包装。对汤姆而言，这张照片说明了一切。

那就是我们的做事方式！以那样的方式做事，所有人就都知道其他人在做什么。乔布斯就是具有这样的直觉，"我们确实应该每周都碰头讨论。"

乔布斯这样做，并非因为他接受过正式的商科教育。实际上，他没有正式读过商科。他就是本能地觉得，应该像管理小公司一样治理大公司，要有清晰的聚焦点和最少的组织层级。他把一些最具才华的人放在合适的位置，他简化责任构架，定期出席会议，以便能以最终决策者的身份积极参与一些过程。

许多商界领导人可能会面临乔布斯 1997 年重回苹果时所面临的困境。公司前进的能力常常受到那些多年形成的复杂的组织层级的影响，而提高效率则是复杂化的借口。

在这些情况下，简洁化无疑是一种挑战。但是，乔布斯向我们表明，这并非不可能。

赢得人心

罗伯特·内森（Robert Nason）是澳大利亚最大的电信集团——澳洲电信（Telstra）——的一名高管。有一天，我打算去见他。同一天，我与悉尼的一位朋友共进午餐。我告诉她，我正在写一本书，并说我非常高兴罗伯特同意接受我的采访，她皱起了眉头。

“如果想让你的书有任何可信度，就不要拿澳洲电信说事。”她说。接着她说了几件不开心的事，都和庞大的澳洲电信极其糟糕的客服有关。在她看来，澳洲电信是复杂的典范。为了在投诉中有把握，我朋友实际上保留了很多与客服的交涉记录，这些交涉都不了了之。她的记录有好几页。

后来我很快发现，朋友的故事实际上与罗伯特向我展示的情况吻合。2010 年，因为大量客户投诉澳洲电信糟糕的客服，所以罗伯特被调入公司，加入业务支持和改进的领导小组。他毫不掩盖地说，在通往简洁之路上，澳洲电信仍有很多问题有待解决。

在澳洲电信，罗伯特看到，公司已经染上了糟糕的大公司综合征。流程和手续变得非常复杂，员工和客户都不开心。

罗伯特说，澳洲电信的问题众所周知，所以当他 2010 年来到澳洲电信受命整改时，一家新闻社在报道他得到任命时说，他得到了“澳大利亚最糟糕的工作”。

> 在客服领域，我们在市场上表现最差。得到三次利润下滑的警告后，我们的CEO说，利润再下滑，他的职位就不保了。为了赢回客户的心，我们不得不努力走出困境。我们必须问："客户想要什么？"简洁是认识问题的关键。

虽然很多人认为罗伯特擅长节约成本，但是他认为自己在倡导简洁。他力推减少程序和去掉烦琐的官僚机构。这样做不仅降低成本，还会构建一个简单得多的组织。开始整改时，罗伯特预估简化流程会减少约20亿美元的成本。整改进入第三年，他相信，公司减少的成本可能会达到90亿～100亿美元。

罗伯特坦率地说，简洁化本身不是目标，它是实现公司目标的手段。公司是要让客户更满意，工作场所要更能激发员工动力。在罗伯特看来，简洁是"实现目标的基本要件"。

> 我们热情地致力于培育这样的客户：他爱你，并愿意将你介绍给他的朋友和家人。将事情复杂化，以加深客户对你的印象，这样做不行。情况正相反，你要让事情简便易行。

与布莱恩·哈特兹的观点类似，罗伯特相信，大型公司存在一种会导致复杂化的运行机制。聪明、善意的人往往被迫去展示其才华、经验或管理能力。在许多情况下，与让事情简单易行相比，创建新的流程更有利于人们保住工作。

> 你真的不得不努力地消除人们这种思想。工作中简明清楚的表述，这也是聪明睿智的体现。作为领导团队这是我们该做的事情之一。

罗伯特说，通常情况下，当大型公司的人们感觉流程对成功很重要时，他们就会盲从。例如，当澳洲电信的员工被要求做展示报告时，他们会尽职尽力地准备一套展示材料，通常一张幻灯片停留的时间为30秒，他们才不管什么内容最贴切。

他还注意到大公司的另外一个问题，就是人们不愿意进行深度变革，这多半是因为人们怕危及自身工作。人们不深挖问题本质，以找到更好的解决方案，而是只进行简单的拼凑，在已有的东西上添加新东西。或者他们会想出一个权宜之计，只是绕着一个问题转圈，实际上并未解决问题。

当然，“权宜之计”就是复杂化的另一个叫法。复杂化是培育更多复杂化的温床。

罗伯特的团队发现，澳洲电信的基本组织架构实际上在提升复杂性。错误应对小组就是一个很好的例子。因为他们负责处理客户问题，所以便形成了自命不凡的感觉。就好像他们并不想要公司完美，因为他们存在的价值就是纠错。罗伯特说，这就形成一种恶性循环。

错误应对小组会向公司汇报数据，澳洲电信便依据此数据衡量公司解决问题的能力。解决一个问题他们平均要花五天时间。复杂的组织可能会旨在将此数字减少一个可接受的百分比。在罗伯特看来，在澳洲电信进行渐进式改革不会有什么效果。它不会改变公司在公众中的形象，也不会对公司员工产生激励。一个公司如果只讨论能接受多少错误，那只是在进行渐进式变革。这是罗伯特从苹果那儿学到的经验教训。

> 对于公司如何发展，史蒂夫·乔布斯有自己的愿景。对小步走的渐进式改革他不感兴趣。只有设定公司最终目标，才能使人们了解要求，并积极地实现目标。

罗伯特决定，澳洲电信的目标不应该是降低错误率。公司目标应该是，错误应对小组无须应对任何错误。公司用明白无误的措辞向员工清晰地阐释这一目标。这样，澳洲电信就更可能取得更大、更明显的整改成果。

初到任澳洲电信时，罗伯特发现公司没有客服文化或创新文化。事实上，根本就谈不上什么文化。公司成立时就缺少灵活度，人们没有机会交流观点或更好地了解彼此。公司已很多年没有到异地开会，专门讨论公司使命和价值观了。

罗伯特上任发布的第一道指令就是让一线员工参与讨论，鼓励他们参与整改，并确保他们了解澳洲电信致力于深度改革的决心。

> 我想要人们这样想："这些家伙是认真的，他们马上就要行动了。"

罗伯特召集了来自公司的七八十个团队、合计管理7 000多人的团队领导者参会。澳洲电信200名高管中有五名高管全程参会。

> 会议的主旨就是说明我们要整改，并说明如果要做好整

改，我们需要群策群力。

每个人似乎都有“我与澳洲电信的故事”。他们谈论为何加入公司，谈论公司能为他们带来的一些美好事物。因为很多家庭几代人都为公司工作，他们的故事富有情感。

其中，人们常常提及的是“烧烤谈话”。这是很具澳大利亚特色的东西。很多人说，当他们在烧烤聚会时，会不经意提及自己在澳洲电信工作。这时，聚会的人们好像迫不及待地要抱怨他们和澳洲电信打交道时的糟糕经历。从 CEO 到底层，澳洲电信的员工似乎没有办法回避这些谈话。他们听到的故事都令人痛心。

人们想要以自己的公司为荣，不想在业余时间的某个场合不得不奋起捍卫它的荣誉。所以一听到管理层真的要整改了，所有员工都很想助一臂之力。

罗伯特请求员工想方设法，帮助澳洲电信简化客户体验。他每年两次召集澳洲电信 200 名相关人员开会，讨论整改进展如何，如何可以做得更好。

开始的几次会议聚焦于在一线与客户直接打交道的人的感受。这些人包括零售员工、安装人员以及技术人员。当问题出现时，这些人直接承受来自客户的压力。对罗伯特而言，这些会议非常关键。

我们的第一次会议是讨论打入客服中心的申诉电话。与会的客服人员解释了在一线接听客户申诉是怎样的感觉，以及公司的表现对他们有怎样的影响。他们有情绪。我对公司有愿景。我们必须切实进行整改。

为了进一步在澳洲电信内部表明公司的整改承诺，管理层决定，整个高管团队都将深入一线，跟员工打成一片。高管们接受了简短的培训后，就进电话间自己处理客户问题了。这些电话交流被拍摄下来，并在整个公司分享。

这表明，我们就在一线，我们想要了解，我们想要体验一线人员的甘苦。

此后，公司出台了一项新举措。此举措与7 500多名员工有关。直接与客户打交道的人在公司里得到了更大的发言权。从事零售和上门维修的人，可以把观察和体会到的情况汇报给管理层，这样公司就可以采取行动，去整改那些需要解决的流程。

同任何上市公司一样，澳洲电信必须公开其运营情况。下一季度它可能会有怎样的绩效，它要给市场提供指导。罗伯特到任的第一年，澳洲电信三次向市场说明情况："我们搞砸了，我们不会获得预期的利润。"三个月后，他说的是："对不起，业绩其实比我们想象的更糟，利润将再次下降。"第三次给出的同样是不好的消息。

结果，澳洲电信的股价下跌了几乎30%。然而，罗伯特团队推进的整改已经有了明显效果。在公司致力简洁化改革的前三年，其股票价格涨了一倍多。每种产品的市场份额都有所增加。

我想，现在所有人都会说，即使我们没有整改好，至少我们在用心改。跟我们原来比，单这一点就是巨大变化。

努力专注于简洁化的任何大公司，都应理解澳洲电信为什么以及如何实现这样大的跨越。尽管罗伯特负重前行，但澳洲电信董事会赋予他清晰的角色，一种特许：他可以去公司任何地方，并采取任何必要行动。

任期前 12 个月，他启动了 30 多个简化项目。他质疑流程，重设组织结构，砍掉无效机构。罗伯特说，公司出现向好的势头，这是转折点。

> 现在事情简单多了，因为大家都对简洁化有信心。当事情不再复杂，员工乐于做事时，保持良好发展势头就容易得多。人们喜欢简单的东西。他们为此感到自豪。他们要向我展示他们是如何实现简洁的。

我们再一次看到，大型公司的员工往往迫切要求变革，并很乐于接受简洁化。复杂化只会吃力不讨好。

罗伯特的案例证明，大型公司的 CEO 不必亲自发号施令，对公司进行简洁化。如果他放权其他人，简洁化的努力可能同样会取得成功。重要的是，要有人为简洁化摇旗呐喊，而且要给摇旗呐喊者赋权。

澳洲电信的转变还在继续。罗伯特清楚地告诉我，整改三年后，公司只实现了约一半的既定目标。对他而言，终极的目标是：在公司简洁的使命宣言的指导下，员工有动力，有干劲。员工满意反过来会提高客户满意度，并产生更积极的公司口碑。

当我问到目前为止他最大的成就是什么时，罗伯特毫不迟疑地说，最大的成就就是赢得了员工的心。这是构建更简洁公司的第一步，也会直接给客户带来更好的体验。

无论多难，简洁都会赢

有人觉得，论及简洁化，大公司都无可救药。在我的研究中，最令人欣慰的发现是，有些公司的情形截然相反，在简洁化方面，大公司并非无可救药。

如果像现代信用卡、西太平洋银行、澳洲电信这样规模的公司都能在简洁化方面取得明显进步，那么任何大公司都没有借口不去做简洁化尝试。比这还重要的是，它们没有理由不成功。无论公司多么复杂，简洁的渴求都存在于员工的灵魂里。任何公司领导者都有力量将简洁激活。

实际上，工作场所越复杂，人们就越想参与变革。简洁会快速赢得人心。

难以想象，当罗伯特·内森试图让澳洲电信这个巨无霸变得更简洁，同时更好地服务客户时，他面对的是多么艰巨的任务。但是正如我们在澳洲电信的转变中所看到的，当公司一步一个脚印向前行进时，它可以取得惊人的成就。

西太平洋银行的布莱恩·哈特兹一例说明，有时简洁化可以通过追根溯源的方式实现。一些产品、服务和流程多年来遭受太多“改进”，最终失去灵性，变得复杂笨拙。追根溯源就是找到这些产品、服务和流程的更简单的版本。

可以这么说，所有成功的企业，无论规模有多大，都曾经是比较简洁的组织。尽管随着时间推移，简洁版的公司可能被淹没在多年形成的复杂化之下，但它很可能依然存在。

当然，与想方设法消除公司的复杂性相比，还有更好的简洁化方法，那就是设计好公司发展之路，防止复杂化在公司生根，正如20年前蓝人组做的那样。

如果公司饱受复杂之苦，要记住，复杂化并非是不可改变的终极状态。事实上，它是可逆的。看到简洁的种子生根如此之快，人们可能会感到惊讶。

THINK SIMPLE

第 7 章
简洁就是轻装前行

小时候我们就学到，物理定律可以帮我们找到更有效的方法，将物体从一个地点移到另一个地点。

如果将重量减轻，我们可以更轻松地移动物体。通过减少空气阻力，我们可以减少移动物体所需的拉力。相比于织物的表面，在光滑的表面上我们可以用更少的力量推动物体。诸如此类。

从理论上讲，人们可以利用简洁这一利器在商业领域达到相似的效果。通过以下途径我们可以使公司更快地前行：减小摩擦力、减少组织流程的阻力，并帮助用户更清晰地了解公司使命。

简而言之，简洁强大有力，足以改变公司状况，将妨碍员工和客户的障碍清除。

臭鼬工厂原则

你或许听说过打造“臭鼬工厂”的特别行动小组，以及该工厂应对特殊任务的故事。

臭鼬工厂有一段传奇历史。1943 年，为应对德国逐步升级的军事威胁，美国军方找到洛克希德航空公司［现在叫洛克希德马丁（Lockheed Martin）公司]，要求他们尽快生产一款新型飞机。任务要求的关键词是“快”。为此，公司成立了特别行动小组，称之为臭鼬工厂，这是老的连载漫画《里尔·阿布尼尔》中一个工厂的名字。

臭鼬工厂特别行动小组由动作迅捷、行动不受制于公司正常运营的工程师们组成。事实上，他们是在一处租来的马戏团帐篷中开工的。任务项目取得了成功，新机型的设计工作提前完成，而臭鼬工厂特别行动小组存续至今。

团队的核心工程师名叫凯利·约翰逊（Kelly Johnson）。他一生恪守“快速、低调、准时”的原则。无疑，这对任何商家都是金玉良言。更加契合此书的是，他所挚爱的座右铭是：“简单点，傻点”。对于从事如此复杂工程的人而言，他的主张令人印象深刻。

凯利工作出色，曾三次获得担任公司董事长的机会。然而，他每次都婉言谢绝，因为他更喜欢负责臭鼬工厂。他喜欢作为特别小组的一员享有的灵活和自由。

如今，人们可以在洛克希德马丁公司的网站上看到凯利取得成功的故事：

> 凯利的臭鼬工厂之所以运营速度快、效果好，那是因为他采用了非传统的企业组织方式。他打破常规，挑战会扼杀创新、阻碍进步的官僚组织架构。[①]

---

① http：//www.lockheedmartin.com/us/aeronautics/skunkworks/origin.html.

换言之，如果现在任何一家公司希望改革其运营方式，凯利的那一套方法都会很管用。

当闻听臭鼬工厂的运营理念在更大型的公司取得成功后，我不由得回忆起一次在旧金山一家喜剧俱乐部看即兴表演时听到的话。一位有抱负的喜剧演员惊叹飞机黑匣子的牢不可破。飞机会坠落、燃烧、封冻或是沉于海底数月，但它的黑匣子总是能安然无恙。他很疑惑："为什么人们不直接用制作黑匣子的材料来打造整架飞机呢？"

在如今的商界，臭鼬工厂的概念给我们带来一些思考。如果一家公司在启用了臭鼬工厂式的工作组后，其工作流程将更加简化，工作效率将更高，并会取得更好的工作业绩，那我们为什么不能将这种工作模式推广至全公司呢？

当然，我把事情想得太简单了。一家全球化的大公司是不可能让一群在马戏团帐篷里工作的家伙们掌管的。（尽管看起来似乎可行。）但是，当你着手简洁化时，臭鼬工厂概念的核心原则依然可以成为你的灵感之源。

现在，请你考虑一下。如果你正白手起家创办公司，公司还没形成那些经过多年才会形成的流程，不受这些流程的制约，你会怎么做呢？臭鼬工厂概念的核心实际上就是"走出体制"，营造一种可以让人们干得更快、更好的氛围，让员工在没有摩擦的环境里放开手脚，更好地发挥聪明才智。

在本书的前面部分，我们了解了加拿大时尚品牌 Joe Fresh 的缔造者乔・米勒曼的故事。Joe Fresh 是连锁超市巨头劳伯劳斯旗下的服饰品牌。在乔看来，Joe Fresh 如此成功，原因之一是他在创办公司时采用了臭鼬工厂的模式。

> 我们当时几乎就像一个外包部门。这使我们能在巨型连锁企业旗下自行其是。我们和母公司是分开的，不在一处办公。我们不可以像母公司那样运营。公司能吸引顶尖创意人才，靠的就是这一点。

像洛克希德马丁的凯利·约翰逊一样，乔的公司与母公司也不在同一处地点办公。但臭鼬工厂的理念并不仅限于地理层面，它还是一种心境。对新想法持开放态度可以让公司运营更简洁、更顺畅。

运用好臭鼬工厂模式的关键是，站在客户角度去审视自己公司的产品和服务。也许你观察到的并不像你想的那么简单。

优化选项

很多公司关于产品选项的观点实际上并不符合事实。错误的逻辑使它们相信，如果为消费者提供更多选项，就会得到更好的销售效果。

在《选择的悖论》(*The Paradox of Choice*) 一书中，巴里·施瓦茨 (Barry Schwartz) 提出了截然相反的观点。他解释说，如今产品选项的激增使消费者感到焦虑，常致使他们无法做出选择。无疑，信奉简洁的人持相同观点。

Netflix 的首席产品官尼尔·亨特 (Neil Hunt) 也推崇简洁。

在描述 Netflix 做的一次试验时，他引用了施瓦茨的观点。Netflix 一般用五星评级系统让观影者给电影做评价。后来他们试着在五星评级系统中添加半星的选项。他们想的是，更准确的评级系统会对观影者更具吸引力。然而当他们实施新影评系统时，观影者参加评影的比率下降了 11%。过多的选项带来了负面影响。

澳大利亚的约翰·麦格拉斯也谈到了发生在房地产行业的选择悖论。为消费者提供的选项越多，他们就越难拿定主意。他并不喜欢“厨房洗涤槽”方式，即将许多东西扔给消费者，直到他们做出最后的购买决定。虽然很多房产经纪人就是这么做的，但他不以为然。

总体而言，人们喜欢的是对的选项，不是无尽的选项。然而，如此多的公司似乎都在努力为消费者提供无尽的选项。这种倾向使它们易染上过度扩充产品这种毛病，它更可能削弱销售而非强化销售。

在计算机领域，也不乏这种选项过多过乱的例子。2015 年末，惠普公司提供了 57 种款型的台式电脑和 61 种款型的笔记本电脑。再看戴尔，我发现他们有 30 种款型的台式电脑和 23 种款型的笔记本电脑。

“可怜的”苹果。其不同的电脑款型用五个手指头都能数得过来。但是，我们都明白，苹果一点都不可怜。虽然提供的电脑款型比同行对手要少得多，但苹果电脑的利润比惠普和戴尔的总和还要多，而且连续几年都如此。

苹果提供给客户的选项并不少，少的是人们做出选择时感到的困惑。这是一个很吸引人的议题。回想1998年，史蒂夫·乔布斯砍掉了苹果的很多产品，更少的产品选项使苹果可以将资源聚焦在提升品质和设计上，由此进一步强化了苹果品牌，使公司获得了最佳的产品定价。

在快餐行业有个更现实的例子。生活在加州和美国西部其他五个州的人们肯定对In-N-Out汉堡（In-N-Out Burger）连锁店十分熟悉。它的经营方式有两点令人印象深刻：店里总是人头攒动，而且它的菜单相当简单。实际上，在In-N-Out汉堡，你只能点六样食品。基本款是汉堡，或者汉堡配薯条。

将In-N-Out汉堡与麦当劳比较一下。2004—2014年，麦当劳的菜单增加了75%的内容，为客户提供超过100种食品的选择。在全球餐饮咨询顾问亚伦·艾伦（Aaron Allen）看来，麦当劳打造了“如此复杂的菜单，使客人无所适从，食品准备的时间也比同行多两倍”。①

In-N-Out汉堡秉持“少而精”的理念，此理念帮助公司赢得了客户群体。菜单“更少了”，食品的质量、新鲜度提高了，服务也“更精致了”。

做事少而精，这几乎具有神奇魔力，可以让商家与客户构建更紧密的联系。它很好地表明，商家真正了解客户需求。在In-N-Out汉堡的案例中，简洁化给公司带来了非同寻常的客户忠

① http：//www.linkedin.com/pulse/io-mcstakes-mcdonalds-made-aaron-d-allen.

诚。现在，In-N-Out 汉堡在多数地方都销售自己的品牌产品，人们确实买账。麦当劳，不如你也试试看。

选项问题是战略问题。它会极大影响人们对公司的观感，就如同产品名称会影响人们对公司的观感一样。

简洁，你名叫……

所有制造商都知道，为产品取个完美无缺的名字有多难。即使成功取了一个，但要获得法律许可也会非常不易。

当然，无论取名对你有多难，消费者可是事不关己，高高挂起。他们只对眼前的商品做出反应。产品名称传递出清晰的讯息，告诉你产品制造公司的特点，以及公司在简化人们购买决定方面的能力。产品命名既要有道理又要吸引人。其中最大的障碍就是“产品扩散”。若产品数量过多，公司就会迷失在一片毫无意义的词汇、字母和数字的海洋中。

再来看看计算机行业，它能生动说明这一点。瞧瞧惠普公司提供的笔记本电脑产品（其公司网站上的产品说明洋洋洒洒许多页），你就会看到一系列令人眼花缭乱的、看不清其中逻辑关系的产品名称，包括 Z240、ProDesk、EliteDesk、Z1、Z230、Z840、ENVY、ENVY Phoenix、ENVY 750qe、Pavilion 以及 Sprout。戴尔也受类似情形困扰。

华硕电脑也不例外。他们将笔记本电脑分成了不同的产品系列，包括 ZenBook 系列、N 系列、E 系列、K/A 系列等。如果你中意 E 系列，你更喜欢哪一款，是 E402MA 还是 EeeBook

X205TA？你会神经紧张，因为你要先搞清这些产品名称。

再看看苹果，事情就简单多了。每款笔记本电脑都是 Mac 电脑的一种。有 MacBook Air、MacBook 和 MacBook Pro。没有比这再简单的产品命名方式了。购买苹果产品不费事，跟别人提及也不难。每一个产品名称都反映出产品的品牌或子品牌。这种简洁方式影响了消费者。

关于给产品命名，苹果享有独特优势：它销售的产品十分有限。记住，史蒂夫·乔布斯指出，公司全部产品用一张桌子就可以摆下。其他电脑制造商也完全可以简化其产品种类。它们就是不这么干。

诚然，有些公司属于实体零售店类的传统公司，它们经营的产品成千上万。即使这样，简洁化也有用武之地。

让选择给人以简洁感

在讨论苹果公司有目的地减少笔记本电脑款型时，我遗漏了一个小细节：一旦选择了一款苹果笔记本电脑，就有 40 多种配置供选择。那就复杂了，但苹果做得很巧妙，使人产生简洁之感。

无论产品或服务多复杂，任何公司都可以给人以简洁感。在零售业，有家公司做得非常好，那就是康泰纳公司。公司的 CEO 基普·廷德尔谈到了公司面临的挑战。

> 我们有世界上最好的衣架可供选择，我们有世界上最好

> 的垃圾桶可供选择，我们有世界上最好的衣架挂钩可供选择。当其他店家提供四种方案供挑选时，我们提供 104 种。但是我也很清楚，过多的选择会让人们迟疑不决。

提供过多选择会令顾客不知所措，但这正是康泰纳公司最吸引人的地方。了解到这一点后，基普找到了一条既能提供多样的产品选择，同时又能使人感到简洁的路径。通过聘用“非常热情好客的雇员”，公司为顾客提供优质服务。雇员必须了解客户和产品，这样他们就能快速引导客户找到最理想的产品。

> 我认为自己非常了解莫奈，但是如果在博物馆里有专人介绍，或者有耳机语音介绍，我的欣赏水平就会大幅提升。同样，我更希望有向导帮我找到合适的垃圾桶，销售员要了解我的需求，并帮到我。

基普将高品质选择与高品质服务结合起来，即提供多样的商品选择，辅以专家级的服务。基普说，这种全方位的购物体验更容易赢得回头客。

> 顾客如此喜爱我们提供的商品，他们就是感到开心。对，即使一个垃圾桶也能让他们开心。那个垃圾桶放在角落里合适极了，这回买对了。他们事先没想到会如此合适。

也许因为在我们的生活中往往有种种不如意，所以买到合意的东西时，我们会感觉如此之好。用基普的话说，这叫“让顾客起舞”。他讲了一个故事，说有位女士非常喜欢自己在康泰纳购买的衣柜。每次看到衣柜时，她都会舞几下（也许不是真舞，可能是眉飞色舞）。这是构建实体店业务的关键，因为那个顾客会向邻居秀她的衣柜，而这可能会使邻居也去购买这个商品，然后这位邻居也会起舞。

实际上，苹果提供种类不多的高端产品，吸引高端客户购买，使之进入苹果构建的生态空间。基普说，康泰纳公司经营着另一个不同的世界：提供数以千计的商品，这些商品来自众多制造商。

> 我想，若认为自己深知每个人的需求，那就错了。你绝对不会，因为人跟人太不同了。所以你想给他们提供最好的选择，但也要提供最棒的讲解和服务。只有这样你才会成为客户的最爱。

对很多零售商来说，挑战在于找到有吸引力的商品，与制造商打交道，然后以最快速度上货。Topshop、H&M 以及优衣库（Uniqlo）的店家对时尚必须反应迅速，以引领每一季的时尚。

康泰纳公司并非以此取胜。该公司有其自身的市场定位，所以它会花更长时间选择制造商的产品，然后让产品进入商店。他们与供应商具有长期合作关系，其商品经得住时间考验。

> 类似优衣库的商店也许每三个月就要更换全部产品。而如今，我们还卖着很多 1978 年商店刚开张时就存在的产品。

康泰纳公司的货品也是有变化的，但是变化方式有点不同——有条不紊。公司定期将最差的 5%或 10%的陈货换掉，再上新货。基普说："像杰克·韦尔奇（Jack Welch）定期淘汰最差员工那样。"但他们不会在换季时让店里的陈列商品大变样。

> 对我们来说，产品质量至关重要。我们希望它经久不衰。下次再进新货上架，我希望会卖上 50 年。

对于在康泰纳公司购物的顾客来说，简洁的关键是销售人员给予他们的关注。面对大量的货品，他们会有点不知所措，而销售人员的服务能消除他们的顾虑。由于有既懂行又有关爱之心的销售员的帮助，顾客有需求走进商店，最终会满意而归。这使康泰纳优于类似 Bed Bath & Beyond 的竞争对手，因为 Bed Bath & Beyond 对顾客的关爱不甚明显。

再看澳大利亚，西太平洋银行也找到了一种简化顾客和产品匹配的方式，让一切给人以非常简洁的感觉。

神奇的简洁矩阵

一次小小的简化举动便可以对任何业务产生巨大影响，特别是在复杂性呈常态的银行业。

就任西太平洋银行 CEO 时，布莱恩·哈特兹通过观察发现，在提供产品选择方面，银行做得很出色。但在某些情况下，太多的选择带来了负面影响。他想起了苹果公司解决选择过多问题的办法。

> 我曾听过关于史蒂夫·乔布斯的一则故事。重掌公司后不久的一次董事会上，他把苹果所有的产品放在一个架子

> 上。一个一个地，他将这些产品从架子上放到地板上。最后，只剩少数几种了，他说：“看，这些就是我们要做的。”

从某种意义上说，布莱恩也是这样开始整改西太平洋银行的。

当时，西太平洋银行提供了令人眼花缭乱的不同类别的信用卡产品。对于布莱恩来说，这没多大意义，因为客户要办的信用卡基本上只有少数几类——低利率卡、套现卡、频飞卡。此外，银行服务的客户群体类别有限，包括刚离家的年轻人、有工作的成年人、退休人员、需求多样的富人。

> 如果根据这几个维度考虑客户的需求，就可以创建一个矩阵。我对员工说，简而言之，在这个矩阵的每个单元格中，只能有一个产品。就这样。

其结果是简单得多的、一页纸就能说清楚的产品矩阵。所有不合矩阵的信用卡都被取消。以这种方式简化产品选择，使一线销售人员更容易向客户解释不同选项，也使客户更容易做出选择。布莱恩说，这一举措产生了真正的效果。

> 由于简化了我们提供的选择，信用卡业务大幅度增长。我认为，这种增长并非都是由简洁化引起的，但它肯定起到了一定的作用。一线员工再也不会对我们提供的产品感到困惑，他们与客户沟通时变得更自信。面对客户的问题时，他们更容易予以回答。

采取同类做法的还有首尔的现代信用卡公司，该公司也努力使客户的选择更为简洁。2004 年公司提供 32 种信用卡，每种卡都与竞争对手的类似。特德·郑将其精简为四种。每种卡都为要求增加服务项目的客户提供了不同的选项和收费标准。这是公司振兴的另一个重要因素。化繁为简使人们更容易选择适合自己的信用卡，从而使客户珍视与现代信用卡公司的关系。

布莱恩·哈特兹还发现了另一个简化的机会，他这次瞄准的是西太平洋银行的收费结构。当时的收费结构不那么受客户欢迎。除了前十次免费，公司针对诸多不同的业务有不同的收费标准。这为有些人提供了选择余地，但也为另一些人（包括销售人员）增添了麻烦。

为了简化收费结构，西太平洋银行推出了一款每月五美元固定费用的产品，称之为“全服务”账户。又一次，复杂性的降低带来了销售的提升。事实上，此类账户成为西太平洋银行在全国范围内各分理处的主打产品。按照布莱恩的说法：

> 我认为倡导简洁非常重要，它带给销售人员信心。它的重要性可能被低估了。此外，当开始对流程进行控制，技术成本随之下降时，简化产品也会带来其他连锁效应。

布莱恩给西太平洋银行带来的变化清楚说明了精简的价值。通过精简产品线，将其化繁为简，西太平洋银行的产品更易被使用，也更易被说明，所有利益相关方都从中受益。

现在，随着时间的推移，产品和服务会变得越来越纷繁复杂。同样，关乎公司运作的流程也会越来越繁复。可以这样说，“流程扩散”是当今企业纷繁复杂的首要原因。

热情致力于简洁化的领导人会发现，流程是另一个需要精简的方面。

判断力是最佳流程

在澳大利亚的求索公司，公司的CEO安德鲁·巴萨特跟我谈到，在公司成长的不同阶段，不同流程具有不同性质；太多流程会束缚公司发展。

他说，当公司有十个人时，流程确实不成问题。沟通自然顺畅，因为每个人都知道别人在做什么。当公司发展到百人以上时，复杂的流程便开始出现。这是由一些新状况造成的：事情开始出岔子，或是招募了不该招募的人。你必须应对这样的事实：公司已经发展壮大了。你再也无法想当然地认为，一切还会跟从前一模一样。

> 因此我们需要一些流程，否则比起过度官僚化的风险，我们更有可能陷入无业务焦点的混乱不堪的险境。我们的流程需要确保每个人都能信息通达，沟通顺畅，并且具有连贯性和一致性。

虽然知道流程有必要，但安德鲁对于过度繁复的流程很反感。他不接受某些流程，如要求员工遵从僵化模式的流程，或基于测试来决策的流程，或使员工觉得经理在监视的流程。他信赖员工，并相信对员工进行引导的企业文化很有益。

> 如果根据流程来管控，判断力就要靠边站。与流程相比，我更偏爱判断力。

在Netflix，有一个判断力击败流程的绝佳例子。Netflix的联合创始人之一里德·黑斯廷斯（Reed Hastings）推行了“无限期休假”制度。在《彭博商业周刊》（*Bloomberg Businessweek*）的采访中，黑斯廷斯表示，这项制度的前提条件是，“雇员成熟、负责，并用心致力于高质量工作”。此制度胜过书面条规，使Netflix能根据员工完成的工作本身，而非工作天数对其进行评估。其他一些公司也开始采用无限期休假或灵活的上下班时间的做法。这些做法不鼓励人们依靠流程行事，但鼓励人们依靠评判力行事。

再看康泰纳公司。公司的CEO基普·廷德尔也提到，相比流程，他更偏爱判断力。他相信，如果员工的价值观与公司倡导的一致，那么他们就不会受制于正式的流程，而会以公司最佳利益为行动前提。所以他才非常热衷于强化康泰纳公司的基础原则。本书前面提到过这些基础原则，它们是公司文化的核心。良好的沟通、优秀的经理人，以及最少的管理层级，这些使复杂的流程不再有必要，确保了基础原则的存续。正如基普所说，“我们向流程全面开战。”

在线票务公司StubHub的联合创始人之一杰夫·弗勒也反对流程过多。在意识到公司在成长壮大后需要一些简易的流程后，他推崇“有的放矢的流程”。如果没有清楚明白的理由设立流程，那么它可能会影响人们做事的效率。

> 流程不应扼杀创造力，不应成为创新或思想交流的障碍。在流程要求和判断力之间，可能要多关注判断力。

简化流程时，你是在选择信赖员工。你是在构建基于价值观的公司文化，而不是冷冰冰的组织规则或流程。同样重要的是，你是在清除那些常常会限制公司发展的危机。

流程更少，速度更快

在前面某章节我们了解到现代信用卡公司的特德·郑——一位韩国的非传统型领导者——是如何重振公司使其走出困境，并扭亏为盈的。

由于特德公司所处的银行业变化迅速，竞争激烈，他的当务之急就是通过减少决策环节让公司反应更迅速。他解释说：

> 在有些公司，出台一个决策可能要耗费一个多月时间。在我们这里，只要一天时间，这是我们最强大的武器。
>
> 我常常说，我们可不是在和傻子竞争。随着时间推移，我们的竞争对手必然会变得更聪明。指望他们会犯错，这不实际。我们赢得竞争的唯一途径是：不仅要出台好的决策，还要加快推进速度。

对于大小决策，特德并不受限于正式的流程，因为那只会耗费更多时间。相反，他常常会主持一些实时的在线讨论，或者通过邮件与相关人员进行快速沟通。

举个例子，特德讲述了2012年公司遇到的一次机会。他说，现代信用卡有时会赞助大型音乐会。那时，Lady Gaga表示愿意去韩国办演唱会。特德了解到，演唱会的赞助投资额超过100万美元。

> 在其他公司，此事的流程是“先向主管报告”，然后“主管再向上一级主管报告”，这样逐级汇报。如此一来，此事可能会拖上几周甚至几个月时间。而在我们这里，只有行或不行，非常干脆。我们行事迅速，过程简单。两小时内就能敲定决策。

最终Lady Gaga来到首尔开了演唱会。此次赞助行动极大提升了现代信用卡的品牌知名度。2015年现代信用卡赞助了保罗·麦卡尼（Paul McCartney）在韩国的首场音乐会，继续履行银行对娱乐业的支持承诺。这次决策出台同样迅速。

只有在初创企业，决策才会如此迅捷，然而特德却成功地在大型公司中构建了这一文化。对于一些基本流程，他是认可的。但他绝不会忍受因流程繁复而延误决策。相反，他欢迎能加快进程的想法。

另一减少内耗、提速增效的办法是，确保内部讨论不会无休止地进行下去。特德严格推行“不同意也要服从”的政策。他鼓励大家自由辩论，但所有人都必须接受最终决定。特德对那些会上一言不发、会后牢骚满腹的人零容忍。

本书前面部分，我们从罗恩·约翰逊那里了解到，在杰西潘尼公司，当他试图简化组织时遇到了一些问题，也是这个原因导致的，即人们表面上同意简洁化之举，但离开会议室后，便各持已见，罗恩简化组织的事情变得难上加难。“心存善意”的领导者如果不够强硬，就无法获得成功。这令人苦恼。

当然，对任何公司来说，速度都是关键要素。对于 Quantcast 这家以微秒计算为业务的公司而言，更是如此。基于高度复杂的尖端技术，Quantcast 将广告与世界各地的相关互联网受众联系了起来。

Quantcast 创始人兼 CEO 康拉德·费尔德曼（Konrad Feldman）一再强调不让人们陷入流程泥潭的重要性。该公司开放和快速发展的文化，使得简洁化一直存续。此文化如此强大，以至于康拉德无须采取特别措施去防范复杂化。

尽管康拉德的竞争对手可能拥有规模、资源的优势，但 Quantcast 具有灵活简便的优势。它能迭代、探索，并做出快速反应，这些都是没有繁复流程的直接效应。康拉德说：

> 应该深切意识到灵活的需要，要知道公司需要培育一种让员工感到可以放开手脚做事的文化。当人们感觉做事有阻力时，就会甩手不干。如果到了那种地步，公司创新的步伐就会停滞不前，也就没什么希望了。

既然我们已经听不少商界领导者谈论过多流程的风险，我觉得不妨做个有趣的反转，看另一个故事。事实说明，最有效的简化工具也许就是进行一个流程。

化繁为简

劳拉·安德森（Laura Anderson）是被派驻澳大利亚工作的美国女商人，专门从事商业战略方面的工作。

劳拉身兼几个角色，她是自己的全球战略视野（Strategic Vision Global）公司的董事长，是维京澳大利亚墨尔本时装节（Virgin Australia Melbourne Fashion Festival）的主席（2015 年此盛会吸引了超过 38 万人参加），同时也是澳大利亚大奖赛公司（Australian Grand Prix Corporation）的主管和董事会成员。她以前还是毕马威咨询公司（KPMG）的国家级合伙人，负责战略和发展方面的全球咨询，任职时间超过十年。

劳拉相信，简洁是达成卓越战略的关键。有点出人意料的是，她实现简洁的方法是，先让自己浸入复杂之中，然后带客户走一个流程：她请客户下载他们组织的所有信息。劳拉这样解释：

> 我想看到全部信息，因为我知道，事情的本质就藏在那里。只有掌握了所有的信息，你才能看到亮光，并找到正确的前进之路。

如何从所有这些信息中提炼出精华？劳拉会采用她眼中追求简洁的最有效工具——“三要事规则”。她要求公司花时间认真思考获得竞争优势最需要哪三样东西，从而帮助公司找到努力的焦点。

> 如果将“三要事规则”发挥到极致，一切就都会变得更简单。讨论会有明确的内容，公司会有清晰的目标。

劳拉成功地将“三要事规则”应用到公司平时的战略制定中，以及她个人的日常生活管理中。

但是战略制定只是劳拉工作的一部分。施行战略才是真正的目标，即在整个公司内激活公司战略，提高组织的效率和效益水平。“三要事规则”帮助她制定战略，而本身又是她的“一页纸战略”的一部分。劳拉真的是在使用薄薄的一张纸，其格式和设计都清晰明了，这是她实施战略的蓝图。

当劳拉强调薄薄一页纸的重要性时，我眼前一亮，因为这与我自己在广告生涯中遇到过的某样东西惊人相似，那就是创意提纲。如果一份创意提纲内容冗长，有好几页，上面是客户经理或分析师所能收集到的所有信息，那就太糟糕了。把事情搞得如此复杂，想使战略成功几乎不可能。

事实上，一些最佳创意人员只有在拿到薄薄一页纸的创意提纲时，才会开始行动。在这页纸上绝不可能要什么花招，字体不能太小，页边空白也不能缩水。创意提纲内容只能有一页纸，这就迫使人们浓缩并简化他们的思想。

劳拉的“一页纸战略”能帮助公司理顺现状，洞悉背后的原因。有了这些信息，公司领导人便可以深入探究公司的发展目标、所需时间，以及实现目标的方式。要取得成功，还须明确一些关键的要素，包括公司愿景、使命、价值观、目标以及其他内容。劳拉解释说：

> 我们不遗余力地追求简洁。开研究战略的会议时，我们不会没完没了。我们长话短说，言辞尖锐。我们要求将所有的信息内容都摆在桌面上。因为如果完全忽略了复杂性，就永远抓不住本质的东西。你必须首先把握繁杂的一切，然后才可以从中提炼出精华。

重要的一点是，要注意到，劳拉的方式和那些精于简洁之道的商界领导者所采用的方式存在一些差异。后者对复杂性采用急风暴雨式的扫荡，然后制定他们的“一页纸战略”，他们喜欢依靠直觉行事。但是，许多公司经年累月形成了很高的复杂度，用和风细雨的方式通过理性睿智的流程来实现简洁化，这种方式可以使公司受益。

两种方法都是成功的。在任何一种情况下，人们都需要相信简洁的力量，都需要努力致力于简洁化。

保护小公司精神

在本书前面内容中，我介绍了口福乐的故事。口福乐是过去捷克人喜爱的一种软饮料。天鹅绒革命之后，捷克共和国诞生。这时企业家库斯塔斯·萨马拉斯使口福乐起死回生。

后来，继父亲之后，詹尼斯·萨马拉斯成为口福乐集团的CEO。在其领导下，公司继续发展壮大。与所有蒸蒸日上的公司一样，口福乐的发展也必须循序渐进。

为了满足发展需要，口福乐扩充了人员。为了跟上现代消费者的口味，公司增添了水果汁和饮用水等产品线。所有这些都使公司得到了进一步的发展。但是，随着公司的壮大，詹尼斯开始担心伴随成功而来的不利影响。他感到，口福乐渐渐失去了重要的简单规则。公司变得越来越像个大型公司，而不再受到消费者青睐。

听詹尼斯讲这个故事，我不禁想起自己参加的有公司领导者参会的各种广告会议。如果感觉我们的流程变得太过于正式或太过于理性，这些公司领导者就会不留情面地批评："你们表现得像个大型公司!"他们这是在发出警告，我们是在为追求效率而摈弃创造力，而他们绝不会接受没有创造力的东西。

詹尼斯逐渐意识到这是怎么回事。原来，为了确保公司的成长，口福乐招募了一些具有在大型跨国公司工作经历的人员。其中一些人将之前他们在大型公司养成的某些行为方式带到了口福乐。他们不怎么注重保持口福乐品牌的简洁，而是更注重制度、构架、报告以及管理流程。詹尼斯对此感到不满。

> 四年过去了，我意识到公司已变成我不想要的样子。我们的精神变了。公司的氛围变淡了。因此我决定简化流程，回到公司最初的样子。做出这个决定实际上易如反掌：要么公司的伟大精神仍然存续，要么眼见它被那些复杂流程所取代。

詹尼斯恢复了之前相对简单的公司架构，公司更像库斯塔斯起初设想的那样了。詹尼斯的举措将小公司的精神又带回到口福乐。口福乐不仅变成更佳的工作场所，同时也更富有创新精神。这很重要，因为公司的未来取决于它是否具有能力去开发一些富有口福乐精神而又吸引新一代消费者的饮料。

詹尼斯不想口福乐变成制造产品的机器。他专注于培养公司鼓励和奖赏创新思维的能力。

> 创造性是人们喜欢在公司工作的一个重要原因。对许多人而言，创造是毕生所求。在这里他们享有自由，有更多责任感。当我们扩充产品线时，他们有发挥自己创造力的空间。

现在，公司正努力强化口福乐品牌。在这一过程中，创新精神起到了重要作用。詹尼斯相信，他的职责是在公司内授权创意人员，确保他们的工作有意义，而且让他们在公司内有发言权。他们的激情和才华体现着品牌的内涵，是他们的努力构建了公司的品牌价值。口福乐抵制大型公司的做派和行为，以此确保其核心价值观占上风。

詹尼斯发现，形式和流程会妨碍创造力，工作场所本身的情况也会如此。有一次，詹尼斯不得不采取措施，以避免大型公司的价值观压倒口福乐的精神。随着公司的壮大，创新的环境正受到威胁。

詹尼斯注意到，在口福乐最成功的时候，公司的工作环境充满乐趣、令人兴奋，但并不十分整洁。

做创意工作可能会有点乱，到处是纸张和产品。然而，在这样的环境下，人们就是会觉得很棒。

随着公司的成长，工作场所的面貌有了很大改观。因为人员的增加，公司搬进了一处更大、更具现代感的建筑。在公司新址，负责生产的主管也负责办公室工作。然后，糟糕的事发生了，办公室氛围变得一丝不苟、井井有条。这样的氛围适合生产部门，但对创意部门而言，则令人不寒而栗。詹尼斯开始觉得，这种工作场所已经失去了灵魂。当然，生产部门主管的初衷是好的。他想要一切有条不紊，但搞创意工作的人是不看重这个的。

此次经历让詹尼斯在公司推行了一项新政策：坚决不让搞运营的人员插手去管办公室的事。

> 现在，我们又回到了那种又脏又乱的旧有方式中。我们鼓励人们做回自我。着装没有要求。工作时，人们觉得怎么舒服就怎么穿。T 恤加短裤？为什么不行？如果人们感觉舒服，并对工作环境也感觉良好，他们就会有好的表现。

事实证明，詹尼斯言行一致。当被安永（Ernst and Young）选为 2011 年度企业家时，他不得不向别人借了一套礼服参加颁奖典礼。

实际上，由于信守公司的简洁价值观，口福乐获得了数个奖项。2012 年，口福乐获得由德勤咨询（Deloitte Consulting）颁发的“年度最具创意的捷克公司”奖。近期，口福乐（作为公司）

数次赢得欧洲企业奖（European Business Awards）中的年度企业荣誉称号。

詹尼斯坚决抵制复杂，这也使口福乐可以成功地向国际市场扩张，打入周边邻国。小公司精神再次彰显力量。

精简是简洁的核心

搞简洁化的领导者承担的任务十分复杂。他们面临许多困难，这些困难不断提醒他们，简洁未必是事物发展的必然结果。

精简是简洁化最关键的核心：删去繁复的东西，留下少量的东西。这样的话，组织的运转就可以更顺畅。

精简的价值在于，它提供了更引人注目的东西。它使沟通更清晰、留下的印象更持久，并使人们更有行动焦点。

精简的力量显而易见于这些方面：产品功能强大且使用简便；产品选项少而精，不会给顾客带来困扰；公司由思想驱动而非制度驱动。

通过精简举措，领导者让人们认清真正重要的东西。精简会减少摩擦阻碍，鼓励人们轻装上阵，行动起来。

THINK SIMPLE

第 8 章
简洁让人心生喜爱

现在你该问自己，到底为什么简洁具有如此强大的商业力量？为什么运用简洁原则经营公司的领导人如此信赖简洁？

没有人会否认，人类会被简单的事物吸引。当发现两条路通向同一目的地时，我们会选择更直、更快的路。这道理并不复杂。

而且如果一家公司能提供更简便的方案，我们就会做出热烈的回应，开始喜欢上它。时间一长，一家公司提供的体验越简便，我们就会越喜爱。面对想吸引我们的其他公司的诱惑，我们就会油盐不进、刀枪不入。

史蒂夫·乔布斯当然就是依照这一原则在苹果获得了成功。对他而言，赢得消费者的青睐是公司最重要的事。每次谈到苹果让人们“爱上”技术产品时，他都明确指出这一点。此理念不仅驱动每种新产品的研发，也使人们对下一代产品产生了更大期待。在乔布斯看来，践行简洁的承诺，无论是在产品、市场营销，还是客户关系方面，都是在向品牌的银行里存钱。简洁是公司与消费者的情感纽带。因为简洁的缘故，顾客会成为公司品牌的宣传者，向朋友、家人以及同事宣传公司品牌。

重新回到苹果后不久，乔布斯将简洁作为销售亮点。在介绍苹果的首个主打产品时，产品宣传手册封面上有这样的标题：“简洁是终极的复杂”。那时，电脑只是公司数据中心的设备，而苹果提供的电脑看上去却很“可爱”。“简洁的东西会让人喜爱”，这是乔布斯的核心原则之一。当乔布斯将简洁的概念推广到整个用户体验中时，他对简洁的信仰变得更坚定了。对乔布斯而言，每个细节都至关重要，因为每个细节都有助于构建让人心生喜爱的产品。要赢得消费者的青睐，就要一丝不苟，任何细节都不容马虎。

像乔布斯一样，其他一些信奉简洁的领导者也都认真努力地寻找新的方法，以便能持久地提供更简便的体验。最有效的方法之一就是换位思考。对此我们应该都很擅长，因为在日常生活中我们大多是消费者。什么是好的体验，什么是坏的体验，我们一清二楚。比较难的是，在看待我们自己的公司时，如何才能做到客观、不偏不倚。

在教育行业，我发现了一个有趣的事例。简·登·霍兰德（Jane den Hollander）是位于墨尔本的迪肯大学（Deakin University）的副校长。受一次个人经历的启发，她在学校推动了一项重大的简洁化改革。简的女儿试图注册一所伦敦著名商学院的工商管理硕士课程，但是却发现自己错过了报名日期——迟了一个星期。尽管课程在三个月后才开课，但她被告知必须等整整一年才能再次报名。这令她的女儿很失望，受到不小打击。

从学生的角度出发，简意识到，很多大学的制度本身缺少灵活性，包括她自己所在的迪肯大学。此事促使她采取一项举措，允许学生在学期开始后一周内都可以注册课程。这一简单举措为那些在工作、家庭和接受教育之间举棋不定的潜在学生提供了颇受欢迎的便利。

如此改变来之不易。迪肯大学这一举措促使人们重新思考这一现象背后的大学制度，但简相信，该举措带来的改变会成为分水岭。它使注册选课更合理，并向有选课意向的学生表明，迪肯大学了解他们的需求。学生再也不会感受到简的女儿所感受到的那种失望了。

简洁的核心是：赢得客户的喜爱，并且尽可能让顾客感受到你带来的简洁。

简洁、爱以及利润可以构成一种完美的商业关系。为客户制造的东西越简单，他们就越喜爱公司。客户越喜爱公司，公司生意就会做得越大。

爱上亲和的本土巨头

像银行一样，电信公司和有线电视公司通常无法令人产生喜爱之情。如果你在澳洲电信或者 DirecTV 的拉美分公司工作，你可能会问自己："虽然它提供的服务很好，但客户有可能会喜爱一个巨头公司吗？"

这两家公司都有强大的竞争对手，而且长久以来，它们的顾客不断抱怨它们提供的服务不令人满意。

在澳洲电信，罗伯特·内森相信，巨头企业也有可能赢得客户的心。毕竟，澳洲电信的员工真心关注那些在家里、学校和商务行业的人们的生活，还把海量的娱乐节目送入千家万户，它怎么可能不受人们喜欢呢？

罗伯特承认，澳洲电信面临如何让客户喜爱的挑战。人们也许喜爱它出售的设备，但由于本身不是制造商，这种喜爱并不是针对它的。澳洲电信的业务是，使客户能把这些设备与可以信赖的网络连接起来。

澳洲电信旨在让客户产生另一种喜爱之情，这种喜爱之情能让消费者变成拥护者，这种喜爱之情不同于人们对技术产品或者汽车品牌可能涌现的那种喜爱之情。拥护者对自己喜爱的公司都会有积极正面的感觉。罗伯特解释说：

> 与不拥护公司的消费者相比，拥护公司的消费者会购买更多的服务，在公司的花费会更多。与不拥护公司的消费者相比，他们不太会更换服务商。因此，这些拥护公司的消费者具有商业价值。我们是在做投资，因为我们要把消费者变成拥护者。

由于数据网络对于人们的生活至关重要，所以澳洲电信旨在通过提供快速、可靠、有求必应的服务来赢得人们的喜爱。公司还拥有一个内容广泛的社区参与项目，采取了各种举措来支持一些学校、企业和机构。在救灾和援助方面，公司也发挥了积极作用。这些活动能使客户产生一种公司与他们心心相连的感觉，这有助于使他们成为公司拥护者。

DirecTV的拉美分公司也面临相似的挑战。公司CEO布鲁斯·丘吉尔也承认，电视内容提供商一般不具备令客户心生喜爱的能力。

> 在我们这样的行业，要赢得人们喜爱非常难。有这么多竞争对手，他们都在做广告宣传。我们售卖的是服务，人们每天都依靠它。行业标准非常高，在服务领域里，很难让人们喜爱你。
>
> 如果看客户满意度分值，DirecTV拉美分公司是付费电视公司中得分最高的。但付费电视行业在受欢迎程度方面是倒数第三的行业。这其实颇具讽刺意味。

DirecTV拉美分公司将工作聚焦于"完全提升者与完全贬损者"的概念，此概念与内森的将客户转换为"拥护者"的理念相似。对DirecTV拉美分公司而言，公司目标是扭转局势，使得向他人推荐DirecTV拉美分公司服务的人（提升者）大大超过那些说它服务不好的人（贬损者）。对人们的情感产生积极或消极影响的最关键因素是，公司每天与客户互动的方式，以及使客户的生活尽可能简便的能力。布鲁斯说，做好这些事，提升者会增多，贬损者会减少。

当我们谈论简洁之力如何使人心生喜爱时，有一点很重要，要懂得，在商界，所谓的"喜爱"是相对的，其意义在不同行业各不相同。重要的是它指向何意。如果公司找到新方法，使客户的体验更简便、更有益，那么客户就会感到更快乐、对公司更忠诚。

墨尔本银行的CEO斯科特·唐纳（Scott Tanner）说，很难让人们对银行产生情感依恋。他发现，人们很容易对生产富有想象力产品的制造公司——比如一些电子设备、汽车以及服装的制造者——产生喜爱之情。但很难让人们喜爱银行，因此银行必须摆脱它在人们心中模糊且不怎么温情的刻板的商业形象。

然而斯科特认为，让银行在客户心中赢得一席之地也是可能的。这需要银行找到新方法，来构建银行与客户之间富有意义的纽带。毕竟，所有银行的目标都是助力客户实现梦想。

银行可以为刚刚进入社会的年轻夫妇提供建议。如果他们想白手起家创业，或接手他人生意，银行都可以提供支持。银行可以帮助人们制定更合理的退休财务计划。斯科特认为，如果银行做好这些事，人们就会确实感到，与多数其他公司相比，他们与银行的情感纽带更紧密。

我们前面了解到，墨尔本银行每一次行动的出发点都始于“地方银行”的概念，这便赢得了当地人的青睐。在维多利亚州，墨尔本银行是唯一一家投资该州经济发展、造福当地人的银行。墨尔本银行这样做有其切实的商业意义，因为如果维多利亚当地人和当地组织机构获得成功，他们就会存入和借贷更多的钱。斯科特认为，通过帮助当地人抓住新机遇，银行可以与客户建立起更深的情感纽带。

> 对我来说，做银行事关与客户建立关系，而建立关系事关信任。如果对这些不以为然，而且你的行动出发点就是为银行赚钱，并不是真正帮助客户，那么……客户很快就会看出来。

换句话说，真诚可靠是银行赢得人心并保有人心的关键。墨尔本银行的自我定位是地方银行。它的作为——从服务当地社区中获利——表明，银行的“地方性”并非仅仅是营销策略。客户会用他们的忠诚回报银行的真诚可靠。

在零售业，消费者的喜爱也很重要，因为许多商店提供相同的产品。没有理由让人始终如一地选择一家零售商而不选另一家，除非人们在某家零售店感受到温暖。因此，让人心生喜爱的能力是零售商获得成功的重要因素。

因为新颖，所以喜爱

从康泰纳公司的CEO基普·廷德尔那里了解到该公司的一些情况后，我发现：他非常重视人们对公司的情感依恋。他所说的“人们”不仅指消费者，也指雇员。

> 加入公司的员工，很少会选择离开。在员工年平均流动率超过100%的零售业，我们员工的年平均流动率历来都是10%，或者更低。

35年前基普还在上大学时，就被西南航空（Southwest Airlines）的创始人赫布·凯莱赫盖尔（Herb Kelleher）的理念所打动：依靠爱而非恫吓，可以建立一个更好、更棒的组织。他谈论的是一种新型管理理念，这与依靠恫吓、自上而下的管理风格相去甚远。

基普之前从未听人这样说过。此后他和室友约翰·麦基(John Mackey）就此理念做过交流，约翰·麦基后来与他人联合创办了一家全食店。他们讨论过爱和生意的相容性，也谈到他们对“自觉资本主义”的热情。他们认为，爱和生意相容，不仅是口头上说说，重要的是还要这样去做。

基普认为，只有领导者真正落实这样的理念，它们才会在组织里生根；他认为，如果雇员得到关爱，员工队伍会扩大而非缩减。因此他花很多时间来感谢雇员所做的一切，即使对不怎么熟悉的人也是如此。领导者亲身参与和对员工表示感激，这有助于营造一种员工积极向上的氛围。

但是基普如何向客户表达爱，如何得到客户爱的回报呢？他认为，答案是价值。也就是说，他售卖的商品能给客户带来满足感，一种超越他们所付产品价格的满足感。

这很简单，他这样解释：人们会心系很有价值的品牌。基普强调说，他所说的“价值”并非产品的价格。他提到以经营高端百货商店内曼·马库斯（Neiman Marcus）而闻名的零售商斯坦利·马库斯（Stanley Marcus)。斯坦利·马库斯说过，所谓“价值”，是指某东西的价格高出同类产品的20%，但看起来比同类产品好200%。它功能更佳，更经久耐用，同时外观超赞。

基普用他最喜欢的领带作为价值产品的例子。他在波道夫·

古德曼百货公司（Bergdorf Goodman）买过一条领带，这可能是他所拥有的最昂贵的领带。但当基普系上这条领带，就会得到人们大量的好评，这让他感觉很棒。对他来说，这是他投资的情感回报，让他有价值感。

生活中，我们所有人都有类似的经历。我们都有自己最喜欢的车、最喜欢的鞋，或者不可或缺的智能手机。我们对这些产品产生了情感。我们对制造产品的公司的喜爱之情油然而生，这很自然。

基普说，不可能让消费者对公司售卖的所有产品产生这种情感。相反，你要做的是，在每次销售、每个产品、每个设计、每次贸易展中，找到能让人们产生情感反应的方面。

> 如果你开商店，就要唤起所有利益相关者的情感。无论是顾客，还是供应商，所有人都要喜爱你。我们开玩笑说，甚至我们与之打交道的银行人员和律师也要喜爱我们的商店。

基普坚信一切为客户的原则，因为他相信，赢得客户的喜爱是最佳商业选择。然而他重申了一点，获得顾客喜爱的最佳方法是首先关照好雇员。

> 经济学家米尔顿·弗里德曼（Milton Friedman）说过，“公司存在的唯一原因是，要最大限度地回报股东。”
>
> 嗯，米尔顿，我们知道你获得了诺贝尔奖。但我们把员工放在第一位。如果你比任何人都更好地照顾员工，他们将

> 比任何人都更好地照顾顾客。如果员工和顾客都开心快乐，那么股东也会非常开心快乐。

基普的想法和马云的想法有一定的相似性。马云是阿里巴巴集团控股有限公司董事长。2014 年，阿里巴巴首次公开募股，获得创纪录的表现。在一封募股公开信中，马云说，在他心中客户第一，员工第二，股东第三。他补充说："我可以想见，首次听说这个顺序的投资者可能觉得有点难以理解。"

虽然基普和马云对于什么位列第一看法不同，但他们都赞成股东不该位列第一。如果公司看重的是股东，员工和客户就可以感觉得到，奇迹就不会发生。

对基普来说，让人心生喜爱的另一关键是公司与供应商的关系。他说，公司与供应商的关系要处理好，对供应商和雇员的态度应一致。商店应努力成为"供应商最喜欢的客户"。结果，康泰纳公司获得诸多产品的独家经营权，假日期间供应商会清仓提供热销产品，并会以最优惠的价格为康泰纳提供最畅销的商品。

> 我们努力创建一个所有人都同舟共济的企业。伙计，如果你这样做，就会获得协同效应，而这是企业实现盈利的关键。
>
> 做生意不是"零和博弈"，即有一方收益，就有一方损失。赚钱最多的企业是那些创建协同效应的企业，在这些企业中，所有各方都有收获。

基普相信，一方利用另一方，这样的生意关系可会产生短期效益，但以这种方式经营的业务不太可能持久。开展持久兴旺业务的唯一途径是，对员工显示关爱，并与供应商建立愉快的合作关系。

戴夫·波特拉克（Dave Pottruck）是经纪公司查尔斯·施瓦布公司（Charles Schwab）的前CEO，他也谈到了情感纽带的重要性。作为经纪公司，查尔斯·施瓦布公司在信任与授权的基础上与客户建立合作关系。为构建情感纽带，该公司着手让客户感觉到家的氛围。他们的做法涉及诸多方面。

他们认为查尔斯·施瓦布不仅只是一家公司，他们将之视作一个实实在在的人，是可信赖、靠得住的财务专家。他就是“查克”（美国电影《超市特工》中一位兢兢业业的超市员工）。戴夫说：

> 公司的一切都以查克的品格和个人价值观为导向，所以非常重要的是，他要出现在我们的广告中。

有趣的是，让他扮演这个查克并非易事。他基本上是个性格内向的人。对他来说，树立公司的公众形象并不是件容易的事。但他明白，要努力获得人们的喜爱和信赖，就有必要充当公司的形象大使。他总是愿意并能以真诚的方式发挥自己的作用，尽自己最大的能力。

> 他是公司极棒的发言人，因为他对雇员和客户总是说出自己的心声。新闻界喜爱他，一直如此。我们要加强人们与我们的品牌之间的友好情感。

戴夫还希望客户感受到与地方办事处雇员之间的友好情感，因为雇员直接为客户办理业务。客户被鼓励来认识和了解雇员。这一点是其他竞争对手无法做到的，因为它们没有查尔斯·施瓦布公司那么多的地方办事处，它们的多数业务是通过电话来完成沟通的。

即使使用查尔斯·施瓦布的免费电话沟通渠道，客户所得到的互动体验也会比其竞争对手提供的更个性化。如果是活跃的大客户，就会得到专属团队服务，大客户打来的电话总会转到那个专属团队。这意味着，客户与他真正认识的人会建立持久的关系。这样便增强了查尔斯·施瓦布建立个人关系的能力，以及利用这些关系使人们爱上公司的能力。

随着市场的成熟，多数公司消失了。它们或被收购，或倒闭，或并入银行。依然存续的都变成了在线经纪服务公司，如电子商务公司（E-Trade）和美国的 TD Ameritrade 公司。戴夫说，这些公司不能像查尔斯·施瓦布公司那样，让客户对它心生喜爱。

> 它们试图模仿我们，但它们没有意识到，查尔斯·施瓦布的成功不仅是因为拥有诸多办事处。关键是在办事处我们怎么做的，怎么对待为公司带来附加值的员工。这一点特别重要，因为一单生意你只收八美元费用。如何靠八美元赚钱？你得保持生意合作关系，你需要吸引越来越多的客户。

在查尔斯·施瓦布的案例中，实际上是爱给公司带来了利润。当戴夫加入查尔斯·施瓦布时，客户账号的平均资金额仅为 7 000 美元。当他离开时，客户账号的平均资金额超过 200 000 美元。尽管公司从事的是折扣经纪业务，边际利润很低，但是公司的利润却增长了，其赢利方式是：赢得更多客户的信任，使他们将更多资金委托公司打理。

像基普·廷德尔一样，戴夫也谈到了价值会令人产生情感依恋。在查尔斯·施瓦布公司，折扣价格，加上与客户建立个人关系的能力，使客户对公司产生更高的信任感。在客户眼里，这就是真正的价值。

在以上每个案例中，客户都发现了所购商品的价值，无论此商品是实实在在的还是概念上的。另一种使人心生喜爱的方式也许看上去比较虚无，因为从技术角度来说，它不是产品或服务，但它也同等重要。可以这么说，它只存在于虚拟空间的展示中。

价值＋简洁＋设计＝喜爱

我们已看到实物产品如何赢得消费者的喜爱，我们已了解到价值感如何创建情感纽带，我们还了解到银行如何通过展示同理心温暖客户的心。

但是，完全存在于互联网的公司是如何让人心生喜爱的呢？

在线票务公司 StubHub 联合创始人杰夫·弗勒将以上问题的答案归结为三点：价值、简洁和设计。网站必须提供能真正提升人们生活的服务，要易于使用，并具有视觉吸引力。

StubHub没有实物产品，无法与客户建立起面对面的交流。它连接人们的方式是提供简单的、精心设计的网站，给音乐和体育迷带来乐趣和兴奋点。

从一开始，设计就是StubHub工作的一部分。公司发展早期，客户确实会收到实物：真正的门票被送达购买者家里。杰夫的团队付出了很大努力来设计出令人产生良好印象的东西。他们使用优质纸张印制了装门票用的特制的公司信封。这样，那些对将要观看比赛或听音乐会感到兴奋的消费者，还可以在家中有“开启信封体验”，体验公司的礼貌周全。

然而，要创建能从情感上与消费者连接的网站，是要付出很大成本的。公司需要世界级的设计师，而这样做会对公司预算和优先事项产生很大影响。

在与史蒂夫·乔布斯的交往中，我发现有一点司空见惯：当看到有机会创建更好的客户体验时，他花钱就会超出预算。他不需要看到证明说，此投资会带来回报。他就是相信，从长远来看，更好的客户体验会带来更大的价值，此价值会超过他可预见的在材料和劳动力方面所节省的费用。不幸的是，在一个竞争激烈的领域，很多企业难以选择长期投资，它们只能选择短期投资。他们认为，如果不能短期生存，那么长期投资就不切实际。这听起来似乎很明智，但实际上也是一种只图生存、不图发展的公司思维。

在撰写本书时，杰夫正领导一家新公司Spreecast，它是一个社交视频播放平台。Spreecast把视频播放转变成一种互动体验。

通过推特和脸书，观众可以通过视频进行实时互动。无数观众可以同时观看和聊天；如果受邀，观众还可以创建私人视频。

在 Spreecast，设计会发挥很大的作用。杰夫想要网站设计得简洁而漂亮，但要实现这样的设计，工程人员需要花较长时间，而公司预算紧张，这便成了问题。杰夫说，仅仅对一个图形进行调整就可能花去工程人员数个小时。

> 我们的设计远没有达到精美的地步。在这些方面，我有时不得不参与到产品设计方和工程实施方之间的争执中。设计方会说："我们必须将其移动三个像素，因为这看起来有点不对劲。"实施方会说："你真认为，就因为移动了这三个像素，会有更多人使用我们的网站？"设计方会说："是的。"
>
> 不止一次，我会说："我们还是多做一点吧。"

杰夫发现，如此多的热门产品都证明：在让人们对产品心生喜爱方面，设计起到很大作用。

简洁的核心

普通的商业战略以硬性的事实为出发点，简洁的商业战略则不同，它以对人类行为的理解为出发点。它承认，人与生俱来就偏好更简洁的体验，而且如果公司提供的体验很简洁，就会打动人心。

优步是个极好的例子。它在 300 多个城市为民众提供出租车服务。其吸引力是，通过简洁明快的应用程序，顾客就可以获得可靠、便宜、舒适的乘车体验，被送到准确地点。因为绑定了信用卡，所以顾客可以直接上车、启程，没有必要签单，这再简单不过了。

随着优步成为全球化企业，许多竞争对手涌现出来。它们宣称说，能以较低价格为客户提供更好的选择。但是由于优步的简洁，以及顾客对其服务的良好体验，多数优步客户非常忠诚。如果人们喜爱某事物，就不太想换掉它。

所以，成功的公司是那些想方设法长期“制造”简洁，同时创建情感纽带的公司。

正如我们所看到的，没有企业可以以规模大为理由，而不去努力获得客户的喜爱。澳洲电信和 DirecTV 拉美分公司的例子表明，即使是巨头公司，也可以让人有暖心的感觉。虽然叫法可能不尽相同，但无论公司是培育倡导者、拥戴者，还是粉丝，人们所说的基本上都是一回事，即想方设法使顾客做出积极情感反应，构建一年又一年会带来越来越多回报的忠诚顾客。

通过换位思考，商界领导正想方设法通过为客户提供更简便的体验使之心生喜爱。他们制造更简单的产品，提供更简单的选择，制作更简单的广告，打造更简单的网站。

在评价企业时，客观标准很重要。但是，要记住，顾客的确看重他们所购买的产品，但也同样看重体验，这一点很重要。产品的简洁程度常常决定体验的优劣。

THINK SIMPLE

第 9 章

简洁与直觉密不可分

简洁完全具有民主特色。人人都可以实现简洁，而且它绝对是开放的。理解或践行简洁无须获得商学院学位。

这就使人不禁要问：既然简洁之力如此强大，又人人皆可实现，那么为什么多数公司不在工作中践行简洁呢？多数公司依照条条框框运作，是因为它们只依照硬性的数据做重大决策。

本书提及的一些领导者都有一个共同的特点，即他们都认为，必须有信心根据个人信念做重大决策。他们认为，若过于依赖冷冰冰的数据，会有风险。他们还觉得，若由委员会做决策，或需要决策经过层层审批，那么也会有风险。

依个人信念做决策，这常常被称为“依直觉行事”“受直觉指引”或“聆听心声”。虽然这些词语可能听上去像是在描述一种不太严谨的、不怎么可靠的工作方式，但事实不是这样。直觉并非一时兴起。它是多年形成的东西，源于多年的教育、经验、观察，以及从成败中学到的东西。倡导简洁的人并不否定实证的价值。他们只是认为，若仅仅依赖数据行事，就缺失了重要的人性维度。电子数据表格并不总能反映消费者的行为、需求和渴望，它们有各种可能的解释。

全食超市的CEO沃尔特·罗布这样说：

> 我是走心的领导者。在商业领域，人们需要分析、制度、规矩，所有那些东西。但我认为，如果不用心，不真正关心，就无法实现更大的商业潜力。只有用心，才能推动企业实现人性化。归根结底，用心去领导可以激励员工，保持员工队伍稳定。

我与之交流过的许多领导者表达了类似的感觉。他们往往用怀疑的眼光看待硬性数据。或者至少，他们觉得应该将数据置于更大的框架下予以考虑。他们信赖自己的经验，并谈到，如果内心的声音指向另一个方向，他们愿意选择无视数据，放飞自己的思维。他们会这样说："我身上每根骨头都对此深信不疑。"这说明了他们对直觉的重视。

当然，除非愿意依照直觉行事，否则拥有这种直觉毫无价值。依直觉行事所需要的就是信心。显然那些倾向于简洁行事的领导者似乎信心十足。

直觉与数据

在线票务公司StubHub联合创始人杰夫·弗勒有段有趣的经历。他从零起步，渐渐了解到点子的力量，了解到如何打动客户的心，如何将点子转化为商业成功。

然而公司初创时，他并不具备今天所拥有的直觉。他说，通过观察像乔布斯这样的一些人，他获得了相关本领，并将其有效应用于构建公司与客户的关系。

杰夫相信，随着时间推移，直觉可以得到持续完善。如今他仍在“练习”本领。他花大力气了解市场发展趋势，了解客户动态，以及客户会对什么产生反应。他观察其他行业的发展趋势，思考如何将这些应用到自己的行业中。这些东西支撑起了他的直觉。

虽然杰夫重视直觉，但他并不忽视数据的重要性。基于互联网的商家所具备的优势是，可以带给消费者不一样的体验，并能够即刻得到他们的反馈。商家可以尝试采用不同版本的标题、图像、特殊优惠，或任何其他元素，以了解哪一种会得到最佳反响。其巨大优势在于，能借助互联网的速度来调整和优化公司的业务。

因此，可以说杰夫是一位“有脑有心”的领导人。对此他解释说：

> 如果你是史蒂夫·乔布斯或亨利·福特，那么你就是行业领军者。我根本不及他们厉害，也不自欺欺人，假装自己厉害。因为无法预测未来，所以我往往会去看数据。然而我也知道，凝聚点子和创意的产品会驱动世界向前发展，就像苹果手机和脸书那样。所以我既看重头脑理性认知的价值，也看重内心感性直觉的价值。

DirecTV 拉美分公司的 CEO 布鲁斯·丘吉尔所在的行业数据成山，有分析公司绩效的，也有分析消费者行为的。但他认为重要的是要抵制诱惑，不要过于依赖数据。他发现，倾听自己的心声很重要。

> 数据只是信息之一，并非决定因素。传媒业不是那种依数据行事的行业。对于传媒界的多数重要举措，数据研究部门很可能会说：“不要那样做。”

举个例子。布鲁斯曾和鲁伯特·默多克共过事。布鲁斯谈到在他俩共事期间，默多克在任上无疑做了一些大胆而有争议的决定。1993 年，当默多克买下美国国家足球联盟（NFL）的转播权时，他搅乱了福克斯电视网（Fox network）的模式，这令上上下下惴惴不安。当时，福克斯电视网从未实况转播过任何体育赛事，更别说任何像 NFL 这样的大型赛事了。福克斯为转播权所付的合同总价为四年 16 亿美元。人们认为这个价格太疯狂了。殊不知，这个合同改变了福克斯。

当时，这桩买卖引发了一些批评：“你们这些家伙疯了吗?”“这回钱要打水漂了。”今天看来，这是笔好买卖。布鲁斯说，如果默多克依赖传统的分析研究，他永远都不会有那样的惊人之举。

> 你可以看那些分析数据，了解一些东西。但是如果你认为可以通过研究分析，得出十拿九稳的答案，那么你就会永远地研究下去。所有人都会离你而去。
>
> 对于那些可包装的商品，研究分析还是很管用的。不同的包装方法会产生不同效果。对于此类商品，企业可能会花

六个月的时间做出一个决定。但是在传媒或技术行业，根本没那么多时间可用。

换句话说，一些最佳商业决策的达成方式是：将客观数据交由主观直觉来检测，并拥有依照直觉去行动的信心。

直觉能带来好生意

在管理苹果公司零售业务之前，罗恩·约翰逊就已展示出卓越的领导本领。加入苹果后，他便有了机会在大师的指导下磨炼技能。如今，罗恩谈到了自己与乔布斯共事 11 年期间学到的一些重要东西。

罗恩相信，最杰出的商业领袖是感性的。他们能从有限的信息中感知到对的答案，而且他们自信满满，可以根据那些信息做出相应决策。罗恩说，他们会运用自己的理性头脑，但同时也听从自己的感性的心声。

> 严格来说，电子表格只能告诉你历史数据，是不是？如果你依靠事实做决定，那就会与其他所有根据事实做决策的人得出同样的结论。你只能达到中等效果。
>
> 如果想与众不同，或面向未来，你就必须依照直觉行动。正如乔布斯引用的冰球运动员韦恩·格雷茨基（Wayne Gretzky）的话："冰球往哪儿，就滑向哪儿。"

跟其他人一样，罗恩也强调按直觉行动并不意味着忽视事实。他的意思是，要信赖自己，信息的缺失可以由直觉弥补。你可以查看数据，去了解所有能了解的东西，但不要陷入“超级分析”的陷阱。虽然数字可能会揭示历史事实，但未必会告诉你未来该怎么做。

苹果商店在运营中产生了大量的数据，但罗恩并不想让他的团队纠结于数据。他认为比这更重要的是专注于公司使命——向客户展示苹果产品如何满足他们的生活需要。如果这一点做好了，产品就会畅销，销售数据会很漂亮。

在一些与苹果不相上下的企业，每天都会有海量数据涌入。具挑战性的是，如何确保生产优质产品第一、数据分析研究第二。我们许多人都从经验中得知，有些人似乎天生就需要捣鼓出各种图表，以示他们在行业中的领先地位。他们关注的是过程而非结果。

罗恩的解决办法有，聘请使命驱动型而非流程驱动型员工。同时，他还专门为苹果零售团队创建了一款非常非常简洁的报告格式。

> 我们没有迷失在太多的数据中。我们从未让它变得复杂。报告就只显示，多少人光临了苹果门店，多少人购买了东西，他们都买了什么产品，门店生意是否兴隆。就这样。
>
> 这就是回归简洁，你只需关注屈指可数的指标。过多繁杂的数据使你头绪繁多，抓不到事情的本质。而你需要的就是那个最本质的东西。

罗恩的描述与我和苹果领导人的互动体验是一致的，但我在诸如英特尔和戴尔这些大型公司的工作体验却与之大相径庭。在这些大型公司，非常典型的情况是，强调理性分析而忽视感性直觉。在这些大公司，如果从表格数据中看不出公司的投资会马上有回报，那么项目就压根儿不会上马。如果没有广泛的小组座谈测试和修改，任何重大广告的创意都不会得到批准。

出于这个原因，澳洲电信的罗伯特·内森分享他对理性分析与感性直觉的看法时，引起了我的兴趣。罗伯特说，如果你供职于大型上市公司，有很多股东和分析师关注公司动向，就很难向相关利益方解释基于感性直觉的决策的正当性。

尽管如此，在澳洲电信工作的人们知道，实现不同目标可以用不同的方式。例如，如果公司寻求改善现有产品或服务的客户体验，他们就会采用重点研究小组座谈和客户反馈的方式。他们会了解客户最喜欢做什么，获悉他们对产品设备和配件喜欢的程度。如果试图改善现有的东西，那种反馈是有益和必要的。

但是，有时需要为客户提供超乎他们想象的东西。这时，若对类似的东西进行检测，则作用有限，或毫无益处。公司必须大胆试验，必须鼓励人们有新想法，并给予他们尝试新想法的空间。这就是内心直觉起作用的时候。罗伯特说：

> 我们让不同的团队协同努力，尝试一下，看看新想法如何。这些想法有的并不重要，有的则事关重大。

不要背负过多的数据包袱，这是更简单的工作方式。罗伯特分享了一个当时作为试验性项目的案例，项目完全源于内心的直觉，并非是对顾客反馈的理性响应。此项目最终为澳洲电信公司带来了令人瞩目的成功。

澳大利亚森林大火频发，澳洲电信的一名雇员为此忧心忡忡。他建议，公司为当局开发一个系统，当森林大火来临时，此系统将警示短信发送给某地的所有人，让他们赶紧撤离。澳洲电信开发了这一系统，然后将相关信息免费推送给所有客户，帮助确保人们在森林大火高发季节更安全。

无须查看公司损益表，无须着手研究开发丛林火灾预警系统的有效性，因为澳洲电信高管团队的内心直觉告诉他们，这么做是对的。此事使人们对澳洲电信的喜爱又多了一点。

罗伯特，还有其他一些我与之交谈过的商业领袖，都把依照直觉行事的愿望与创建在雇员和客户眼中更简洁业务的能力联系了起来。过度依赖数据，或没有海量数据就不愿行动，这些做法常常会加剧局面的复杂性，即使其初衷是让事情进展更顺利。

如果领导者自信满满，可以依照内心直觉来领导公司，他就具有适当合理运用数据和流程的能力。

不让数字主宰生活

我从事的是创意工作，因此当听到许多商界领袖说，虽然需要领会数据分析，但不能让它主宰决策时，我感到很欣慰。

约翰·麦格拉思坦言，如果完全依照数据做生意，你就缺失了一些人性的东西。他将自己的做法描述为，90％的内心直觉加上 10％的理性认知。当然，他会看数据研究，但如果数据反映出来的情况与直觉相去甚远，他就会毫不犹豫地说：“对不起，我不认同那些数据分析。”

> 数据会在某种程度上对你产生这样或那样的影响。我不会置之不理。那样做很不理性。但我绝不会让数据主宰我的生活。在决策中，数据扮演的只是一个小角色。

尽管直觉是人类所具备的一种能力，但约翰认为，每个人的直觉都不一样。就像杰夫·弗勒所说，结合长期的经验、观察和好奇心，我们能够使直觉变得更敏锐。然而，正如直觉可以随时间推移变得更敏锐一样，它也会因为得不到适当磨炼而退化。鉴于麦格拉斯公司虽然规模大却取得了成功，约翰的直觉显然派上了用场。

约翰将直觉与自信有机结合，这使他在生意中不会太热衷于一些传统的做法。例如，房地产行业中多数公司都广泛使用小组座谈的做法。约翰认为，在小组座谈时，根据所提问题的不同，这种做法可能会不靠谱，因此此类座谈有时并不能解决问题。他认为，经验是更好的标尺。

> 大言不惭地说，我认为我知道人们想要什么，甚至比他们自己知道的还要多。客户出售房产时，我知道他们想要什么，因为我在这个行业已经深耕多年。我清楚，绝佳的体验看上去如何，听上去又如何。我知道如何使这种体验成真。

既然人们不经常买房子，约翰觉得，征求他们对买卖过程的意见，并没有什么太大价值。从小组座谈所了解到的东西“多数基本无用”。他认为，小组座谈时，受访客户反映的东西都是司空见惯的。精通业务的任何从业者，都视之为常识。

例如，约翰谈到，他的公司所售房产都列有“指导价格”。当住宅类房产挂出供拍卖时，一般都没有确定价格。如果基于专业知识，麦格拉斯认为，该房产最终售价会在900 000～1 000 000美元，此指导价格就会被标出。多数澳大利亚房地产经纪人不会这样做。他们只是简单地通告说，此房会被拍卖，并提供具体拍卖日期。

如果一位潜在购房者打电话问：“你认为此处房子会以什么价格售出?”经纪人会说：“我们真的不是很确定。你为什么不来看看呢?”

约翰认为，经纪人这样做很恶心。他甚至不需要搞小组座谈就知道，这毫无道理。他完全凭直觉就知道，而这种直觉源于他的从业经验，以及对人类行为的认知。作为客户，他从来都不想浪费时间去看自己买不起的房产。因此，他就让公司经纪人与卖方商讨定价，并征求对方同意，为待售的房产加一个指导价。这样做仅仅出于对买家的礼貌和尊重。

> 这好像是最基本的。我的意思是，听到此事时，你可能会这样想：“哼，废话。”但在我们这行就是这样。我认为简直不可思议，我不明白，我们为什么一直在讨论它，更不用说还要做研究分析。

一些话题引发了约翰·麦格拉斯的一番抱怨，我觉得很有意思。我们都看到，在商界，一些事毫无价值，而且浪费时间。因此当听到领导人如此重视直觉，并充满信心将直觉付诸执行时，很令人振奋。像本书提及的许多领导人一样，约翰只是试图提供给客户尽可能最佳的用户体验。他并非在想方设法用狡猾的伎俩来“钓”新客户。

约翰的直觉在社交媒体上也有体现。麦格拉斯公司在脸书上有一个页面，上面并没有售卖房产的列表信息。约翰的思路是，脸书页面应该是公司培育客户关系的阵地。在此处，人们讨论最新的房产趋势、新颖的房产设计、一些刚刚在海外建成的出色房产、最热门的建筑师，等等。这样做旨在深化麦格拉斯公司的形象：民居的优质销售商、房产界的权威机构。另外，如果有人想购买房产，就可以浏览公司的网站。约翰解释说：

> 社交媒体和公司网站的运用确实取得了很好的效果。但是，话说回来，我无须搞小组座谈来弄清怎么做才对。客户到我们的网站浏览房产信息。他们到我们的社交网站页面寻求意见、指导、智慧和某些直觉。
>
> 一些营销人员说，公司应该在社交网站页面推送产品。我说：“不，我们不会那样做。”我无须通过研究来证明这一点，也无须为此争辩。我们的社交网站页面旨在连接客户，并构建我们的品牌。

约翰举的这些例子表明，按直觉行事，可以省去数周令人痛苦而且几乎毫无意义的分析。根据现实世界的知识和源于经验的智慧做决策，公司业务就能发展更快，发展战略也会更为睿智。

像约翰·麦格拉斯一样，特德·郑先生也认为，如果公司将过多精力用于理性研究和数据分析，那就缺失了极重要的东西。

重要的是情感，而非数字

本质上，韩国现代信用卡公司是一家金融公司，当然不可忽视数据。然而，特德·郑坚持认为，给予客户人文理解和关怀使现代信用卡有别于竞争对手。在关于理性认知与感性直觉的讨论中，他坚定地相信感性直觉的力量。

> 我大学学的是文学专业，后来去了麻省理工学院——那里的一切都与数据有关。可能是因为在学校里和数据打了太多交道的缘故，我发现自己就想知道数字所不能揭示的东西。

特德解释说，生活中我们的许多决定更感性，而不怎么理性。例如买车时，我们会看价格、维护成本、转售价值，以及其他一些硬性指标。然而，最后的决定往往不只取决于数据。它更多地取决于生活方式和我们的驾乘体验。

基于这个原因，特德认为，如果现代信用卡完全基于数据进行决策，那会非常愚蠢。作为负责任的公司领导，他必须研究数据，但他使用数据的主要目的是了解客户的需求和期待，更好地了解他们希望如何生活。

> 我不可以做真正离谱的事，但可以基于激情做出决策。

> 我经常要我的团队忽略数字，我们会谈论我们想做什么，我们能做什么。我们谈论理想中的公司的样子。我们必须开诚布公。

特德引以为自豪的是，他雇用的员工对工作充满激情，而他也鼓励人们以自己感觉舒适的方式去工作。他不要员工呆板地做事，鼓励他们思考，而非机械地干活。他的看法是，做生意的，即使是搞金融的，都需要与客户建立情感联系。而要做到这一点，就有必要了解人们真正关心的是什么。

为此，他相信，营销是沟通公司价值观的最有效方式之一，而且很多营销是非常直观的。如同我们一生中的许多情感都与一些视觉形象（人、地方、家等）相关一样，我们对一家公司的感觉在很大程度上也跟我们直接看到的东西相关。因此对某公司的感觉并不仅仅关乎数据。他认为，对于创建办公环境和开发公司产品来说，设计很重要。不仅如此，设计对市场营销也至关重要。公司必须在客户头脑中树立起自身的形象。

> 广告时代已经过去，表达时代已经到来。说到表达，设计是其中最重要的元素之一，所以我如此重视设计。即使人们认为我这样做很疯狂，特别是在金融行业，特别是在我们的亏损如此严重的时刻，我也毫不忽略设计。

论及公司形象的重要性时，特德所谈的东西远远超出电子表格和金融研究的范畴。他谈到了自己内心的信仰，谈到了根据自己的信仰来领导公司。在论及公司过去十年取得成功的原因时，他将其归因于创造力、设计，以及最重要的对人性的理解和关怀，而绝不是对数字的盲从。

直觉造就简洁

虽然本章提及的商界领导者都同意，从数据中可获得有价值的见解，但他们强调，直觉对公司的运营和简洁化必不可少。直觉带来了人性化的视角。

直觉既源于商业经验，也源于生活体验。它吸收了智慧、个人信念、同理心、幽默、常识以及更多其他东西。它意味着，即使没有足够依据支撑或依据自相矛盾，人们“骨子里”也知道该走哪条路。

西太平洋银行的布莱恩·哈特兹与杰夫·弗勒以及罗伯特·内森的想法相似。他说，理性思维和感性直觉并不是一个非此即彼的命题。在一家大型银行，管理层依赖各项指标来把握公司前进的方向。指标有助于诊断公司这部大机器哪些地方运行得不够好，或指明哪些地方的绩效需要改进。

布莱恩相信，银行能做的重要事项之一，是以客户视角审视客户在银行的体验。那样做更多是从内心直觉出发。他表示，银行业务关乎情感，并非毫无人情味，因为金钱与人们的想法密不可分。银行的行为方式会对客户的自我价值观、身份感、安全感和个人操控感产生巨大影响。

因为银行在这种感性的氛围中开展业务，所以布莱恩在策划银行产品和保单时也试图体现这一点。当客户做重要财务决策时，银行努力使相关内容清楚明了，以消除客户的迷惑或疑虑。只有这样，银行才能与客户建立起真正的联系，而这些都与数据分析无关。

布莱恩分别谈到了理性认知与感性直觉的价值，而乔·米勒曼把 Joe Fresh 的商业成功完全归因于直觉。很大程度上，这是因为他所处的是时尚行业，但也因为他相信自己的直觉。你会认为，在大超市推出新品牌这样的冒险商业战略，是需要小组座谈和深度数据分析的。但乔说，他的品牌与众不同，并不是因为搞了座谈和分析。他很清楚所有这一切是如何开始的。

> 没有营销研究，只有本能。我认为需要利用直觉来使自己与众不同。与众不同至关重要，因为如果你观察竞争对手，按照他们的套路来竞争，那么你就会陷入困境。我们的做法就是不走寻常路，而这只有靠本能才能做到。

我们听到了来自不同行业（技术、食品、房地产、信用卡、时尚）的领导者自豪地表示，他们能超越数据，看到更远的东西。事实上，直觉是他们商业企划书的基本组成部分。

听从自己的心声不是软弱的标志。恰恰相反，当如此多的商家依靠科学和流程决策时，基于直觉做出决定往往需要很大勇气。然而这些决策常常会使公司的运营变得更简洁，与客户关系更深厚。

THINK SIMPLE

第 10 章
探索自己的简洁之道

本书前面部分带你领略了 40 多位商界领袖的思想。他们将简洁视作成功的动力。对他们而言，简洁太妙了。但更重要的是，这对你有何启发？

该说的都已经说了。你真正需要的是计划。那么，在自己的公司或部门，开启简洁化的最佳方法是什么？

我建议，可以从本书提及的领导者们那里获得一些指导。基本事实是，多数公司不可能一夜之间就实现简洁化。实施简洁化的最好方式（特别是在一些已经复杂化的公司），就是有条不紊，一步一步来。一定要为简洁化之举争取支持。

每家公司都具独特性。你的公司可能出售实物产品、提供服务，或完全是线上公司。你可能是一家只在某城市做生意的地方性公司，也可能是跨国公司，在全球范围内做生意。并不存在适合所有公司的简洁之道。

相反，在制定简洁化的路线图时，请考虑以下内容：可供参考的一些策略，着手利用简洁之力时可采取的一些措施。

下定决心

将简洁化植入公司并不轻松。实现简洁化所需精力比你能想象的更多。很可能你得与那些对简洁化持怀疑态度者、极力反对者打交道。因此，实施简洁的首要条件是要下定决心。

杰西潘尼变革失败的原因部分归咎于缺乏决心。改革之初，公司决定走一条激进之路。后来遇到障碍，便放弃了。几年后，它仍没有缓过劲来。想当初，所有专家都兴奋不已。如果按照计划坚持走下去，谁知道公司今天会是怎样一番景象。

当试图简化任何规模的公司时，决心都很关键。在澳大利亚最大的电信公司澳洲电信，简洁化之所以能生根，是因为公司领导层的大力支持。员工看到了领导层实施简洁化的决心。这种决心提振了员工士气，使他们积极参与。

你的公司下决心要踏上简洁之路吗？即使这些决策会激怒某些人，管理层是否还是会支持简洁化决策？

组建团队

如果是小公司，你自己就可以推进简洁化。如果身处一家更大、更复杂的组织，那你可能需要一个团队。在这种情况下，你应该问：“当形势严峻时，我要与谁同舟共济？”

你的团队需要了解简洁之路上的挑战。面临风险时他们不可以退缩。在实施简洁化时，不要妥协。要做到这点，在组队时就不能妥协。

要考虑所选团队成员的专长。可能需要挑选来自不同部门的人员，这取决于公司的规模。极为重要的是，整个团队都要有实现简洁的决心，并愿意从全新视角审视公司业务的方方面面。

确立使命

公司要保持正常运行，使命宣言是非常强大的工具。使命宣言为公司决策、行为，以及产品开发提供指导方向。

你公司有使命宣言吗？宣言是否表达简练？是否鼓舞人心？也许，是时候确立公司使命了，或者如果必要，重新审视公司已有的使命，并予以更新。

回想一下，罗恩·约翰逊如何用“丰富生活”这一想法驱动苹果门店的运营。再回想一下，创建在线票务公司 StubHub 时，杰夫·弗勒甚至都没有想到使命宣言，但后来领悟到，对公司成长而言，使命宣言必不可少。本和杰里公司的经验也值得注意。该公司推出使命宣言，并以此为核心，创建了出色（且简洁）的公司品牌。

不一定要将使命宣传弄得非常正式，置于相框中，或要人人向它致敬。但确实需要广为宣传，让人人皆知。当员工将公司使命内化于心时，它就会凝聚人心，帮助实现简洁化。

观察和了解

要对公司进行简化，就得冷静、认真地审视组织本身、公司流程，以及客户体验。

所需设备：眼睛、耳朵，以及记事本。

在担任苹果公司过渡期的 CEO 前，史蒂夫·乔布斯就使用了这一方法。他和公司内部和外部的关键人物交流，做大量笔记，记下人们对公司及其产品和服务的体验。这些笔记成为他日后向执行董事会提出建议的依据。

要去与人们交流。要了解，什么让他们兴奋和沮丧。以下是一些你可能需要探索的话题：

员工认同使命宣言吗？对于经理人员而言，他们要能够脱口说出公司使命的内容。但是，员工对使命宣言的理解如何？使命是如何深深根植于公司文化的？努力实现使命比努力工作更令人满足。

公司流程变得太复杂吗？流程是否太僵化了？走完流程需要多长时间？复杂的流程往往削弱创意，让员工感到受挫，而且既浪费时间又浪费金钱。记住，你并不想用“观察和了解”解决问题。你只是想找出问题。

决策者参与流程了吗？员工是从决策者那里直接得到相关信息，还是通过其他渠道了解决策者的想法？如果一开始决策者就介入流程，这不仅节省时间，还鼓舞人心。布莱恩·哈特兹在西太平洋银行取得的成果就表明了这一点。

员工在公司会待多久？若公司变复杂，员工流失率会更高。

员工周一早上的感觉如何？周一早上，如果员工精神饱满，并渴望大干一场，这是非常好的迹象。如果员工对每周的工作没有激情，这可能是复杂化的后果。

员工参与

普通员工常常难以接受重大变革。但简洁化这种重大改革却会即刻得到他们的支持。人们渴望简洁化，复杂的东西会赶跑他们。

要利用这一点。

要制定方案。不仅要员工支持变革，还要让他们参与到变革过程当中。要让他们提出促进简洁化改革的新想法。要对他们的参与予以奖励。

从一些大型银行和电信公司我们了解到，简洁化的一些绝佳点子就来自员工。全食食品商店的沃尔特·罗布说，被激发和授权的员工有助于公司达成使命，即倡导更健康的生活方式，使地球更健康。

简洁化非同一般。它并非只是来自高层的指示。它需要成为企业文化的一部分。

换位思考

商家的简洁化程度如何？客户才是真正的评判者。作为简洁化的主导者，你需要把自己放在客户的位置，对他们的全部体验进行评判。

如果对所见和所感抱有绝对诚实的态度，就不难发现导致客户体验差的复杂方面。

可以问自己几个基本问题：

客户体验全过程一致吗？考察客户体验的全过程：客户购买

产品或服务之前、中间和之后的各个环节；考察一下，与广告、公关、网站、零售店、包装、技术支持等部门互动时，客户有怎样的体验。在脑子里过一过，所有这些部门都发出一致的声音吗？都有一致的价值观吗？都呈现出一致的视觉风格吗？

你会将整个客户体验告诉他人吗？如果公司提供极佳的完整的客户体验，你会尽力向朋友、家人或同事分享这些体验吗？抑或你会犹豫不决？如果是这样，那是为什么？

你出售的是什么？所提供的不同产品是否让人感到混乱，还是一目了然？产品的区别是否足以使顾客轻轻松松就可以做出选择。是否所有的公司产品都是公司使命的体现？

市场营销是否焦点明确？抑或是否在得到太多信息后，顾客才能完全弄懂，并购买自己想要的产品？每则营销广告是否都与使命内容一致，并能强化公司品牌？

网站是否“流畅”？访客浏览公司网页时，公司网站是否会吸引访客沿着清晰的路径浏览？抑或访客会完全放弃浏览。有些东西即使设计得赏心悦目，也还是一种干扰。

你的产品有内涵吗？如果公司制作实物产品，产品包装是否反映公司的价值观？设计往往会说明问题。例如蒂芙尼（Tiffany）独特的蓝色包装，有力地展示出此品牌恒久的优雅。若换成棕色包装，就达不到这种效果。

你是否在构建与客户的关系？第一次互动后，客户是否对你的公司产生情感依恋？公司会珍视还是忽略这种关系？

授权

既非常有趣又具讽刺意味的是，当苹果努力挣扎，要再次确立自己作为创新者地位时，公司复兴的关键人物乔尼·伊夫及其团队其实一直就在苹果公司内。只是之前当公司变复杂时，他们被边缘化了。后来，史蒂夫·乔布斯授权此团队，点燃了苹果的复兴之路。

当罗伯特·内森在澳洲电信实施简洁化时，他也采取类似方法授权员工。通过重新聚焦客户服务，罗伯特提升了那些和客户直接互动的员工的形象。员工被授予更大的发言权，并让简洁化过程与他们的利益休戚相关。通过这些做法，澳洲电信创建了更好的客户体验。

授权给那些可以改变事情的人，事情就真的会有所改变。

简洁明了

本书前面提及了选择的概念，并提到太多选择有害无益。就公司提供的产品而言，简洁化可以大有作为。

回想一下，当西太平洋银行的信用卡种类减少时，其销量反而增加了。那些互相重叠的选项很容易令顾客难以分清。

理想的情况是：你提供的每种产品都是应该提供的，而不是能够提供的。提供更少的选项并不会降低公司的重要性。相反，这让客户觉得你真正了解他们的需求。

还有一点要考虑，即产品本身的展示或呈现也一样重要。即使是非常复杂的产品线也可以用更简洁的方式呈现。记住，客户记住的是一种简洁的感觉。

还要考虑你对产品的命名，产品名称透露了大量的信息。产品名称使客户与产品建立起关联，并让他们能记住产品。如何才能很好地跟他人提及索尼 BDPS3200 蓝光播放器？或者华硕 E402MA 笔记本电脑？还是那句话，站在顾客的角度来审视你所提供的产品。

当你为顾客着想，让事情更简单明了时，你是在培育客户关系。

志存高远

不断改进升级产品是好事，而且很健康。如果企业不能一直在改进，就有大问题了。

但是，绝不可以胸无大志。如果想要变革，那么变革必须鼓舞人心。构建更简洁的公司抱负会点燃员工的激情，激发他们参与到简洁化进程中。

追根溯源

在许多公司，员工有时会怀念“旧日美好时光”，因为那时一切都似乎更简单。情况常常是，那时的一切真的更简单，而且不只是因为公司那时规模较小的缘故。

西太平洋银行的 CEO 布莱恩曾说，有必要追根溯源弄清楚，在所有聪明人对银行各方面进行补充和完善之前，银行最初是如何运营的。有些补充很有必要、有价值，但其他一些补充和改善也许徒增了组织层级，使公司变得更复杂。

要追根溯源，找回那种更简单的运行状态。将经年累月多出来的东西找出来，重新评估一下这些东西对企业的价值。

精简

精简是治疗复杂化的良方。几乎所有公司都有可以精简的地方。可以从一些很明显的地方着手，如流程和产品。但是要深入细致，因为复杂化会蔓延到公司各处。

精简市场营销。许多公司的目标市场划分得太细，削弱了公司的营销能力。这样做会很快耗尽公司的资源。

你是否在向太多的人传达太多的信息？抑或你是否可以集中资源，向更广大的受众传达一种醒目的信息？过度分析常常导致不必要的复杂。

精简组织结构。从简洁的视角来考察整个组织结构。有些司空见惯的东西其实未必有存在的必要。在艰难时期，许多公司搞小型化，结果它们发现，精简后的公司运营效率更好。员工人浮于事，责任界限不清，这样只会浪费资金，滋生复杂化。

精简审批环节。一个想法需要经过多少审批环节才能获得批准？在此过程中，最终决策者最早会在什么时候介入？在倡导简洁价值观的组织中，决策者从第一天就介入其中。如果决策者在最后才介入，会令人沮丧，还浪费时间。

创业者思维

本书提及的商界领袖有一个共同的价值观，即对企业家精神的尊重，即使在那些从各种角度看都算是巨头的大型公司中，其领导者也如此。他们对复杂的内部结构、繁复的流程、不必要的会议都很不屑。他们知道，这些会对大公司形成拖累，最终员工会因此走人。

考虑一下，可将中间环节取消。当墨尔本银行的斯科特·唐纳看到经理手下有多层雇员干活时，不以为然。他想要看到经理自己撸起袖子，和自己的团队成员一起勤勤恳恳地做事。

不要害怕将公司精简成类似创业公司的样子。小公司的心态，可以成为大公司获得成功的有效驱动力。

相信自己

倡导简洁的领导者对自己的直觉很有信心。他们应该如此，因为他们可以从之前所积累的知识和经验中汲取营养，而且他们还各有专长。

特德·郑在数据说明一切的金融业领导了一场复兴，但他的成功来自他对人性的察觉。约翰·麦格拉斯觉得，他比客户自己更懂得客户。他用自己的直觉来管理公司，使其超越竞争者。基普·廷德尔拒绝传统商业价值观，因为他认为，可以用内心直觉领导公司走向成功。

数据可以是朋友，但要记得谁是老板。数据是强大的，但经验这个宝贵的财富也非常强大，你必须利用它。这不仅适用于经商者，也适用于一般人。

要有设计

我们这个时代最有价值的商业故事就是设计兴起的故事。多亏数次的产品革新，以及对设计价值的尊崇，消费者现在对设计有了需求。如今，公司不仅要用更好的产品设计和服务设计赢利，还必须以设计的眼光来审视自己的组织架构，使公司脱颖而出。

谈论简洁时，我们就是在谈论这个：一家设计得更好的公司。要将公司看成是一台由很多零部件组成的机器，将其设计成各部分无缝衔接、运转顺畅、没有阻力的机器。

对公司的设计进行评价的最佳方法是，遵从法国作家安东尼·圣-艾修伯里（Antonie de Saint-Exupery）所说的，“所谓‘至臻完美’，并不是指无可添加，而是指毫无冗余。”

多数公司一般都有很多冗余。这些冗余有时显而易见，有时却不易被觉察。公司的设计目标是，用更少的部件做更多的事情。选择直线而非长长的曲线。

简洁是设计良好的公司的基础。如果设计得当，就能赢得员工和客户的心。因为如你所知，人们更易爱上简洁。

百折不挠

在本书开头，我解释说，简洁并不简单。到现在，我依然这样认为。

我从未听过任何一位商业领袖说，简洁化就像发布行政命令一样简单。使公司实现简洁化，这往往需要钢铁般的意志、毫不留情的作风，以及跑马拉松般的耐力。

为什么明智的领导者要倡导简洁化？只有一个原因：值得。

是否简洁，两者有天壤之别。它是成功与挣扎、满足与沮丧、增长与停滞的区别。它能成就公司、成就事业。我确信，特别是与本书提及的这些商业领导人进行交流以后，我相信，简洁是最强大的商业力量。

在引领企业走更简洁化的道路时，你肯定会经历艰辛和挫折。但是如果你能量满满，意志坚定，就会扭转人们的思想。你在公司内提出的简洁化倡议就会毫不费力地转变成一场简洁化运动。

史蒂夫·乔布斯从未低估简洁化挑战的难度。他曾说，要做到简洁不容易。但同时，他还说，一旦实现了简洁化，“你就可以撼动山脉”。

他不是在说自己，他是在说你。任何人、任何公司、任何行业都可以采用他所表达的简洁理念。

愿你能撼动山脉，祝你好运！

分享简洁之美

这从本书中，你已了解了世界各地不同行业的商业领导者对于简洁化的想法。其中有些领导者从小做起，随着小公司逐步成长，他们找到了让事情保持简单的方法；其他一些领导者来自大型的成熟公司，发现了去除复杂化的途径。

然而，我还缺少一个重要的部分：你的故事。

我渴望了解其他公司是如何想方设法利用简洁之力的。我渴望在我的网站上，当我在世界各地做报告时，以及在未来的著作中，和读者分享你的思路和方法。

如果你的公司受益于简洁化，那么恭喜你！让我们用你的故事来启发别人。

肯・西格尔

simplestories@kensegall. com

致谢

2005年，史蒂夫·乔布斯在斯坦福大学毕业典礼上致辞。他说："你不可能预先把点点滴滴串在一起，预知未来，但你可以把点点滴滴串在一起，回顾过去。"

这番话很适合描述我的生活。我根本不可能预知未来。但奇怪的是，当回顾过去时，我发现一切都是最好的安排。

年少时，我曾在泽西城海边叔叔的热狗摊点打工，学到了一些基本的商业知识。谢谢你，Ed Segall。数年后，作为摇滚鼓手的我对自己的未来感到了怀疑。这时，受到以前曾经一起做热狗生意的家伙（那时他已是一位广告代理）的鼓励，我在广告业找了一份全职工作。感谢你，Martha Mosko D'Adamo。

当李岱艾广告公司洛杉矶办事处招聘一名制作部程序员时，我便成为合适人选。在那里我遇到了传奇人物 Jay Chiat，还有 Steve Hayden 和 Lee Clow。他们正在为苹果制作一流的广告（包括著名的"1984"广告）。

这之后，我便开始为苹果公司工作，后来又为 NeXT 公司工作，再往后又重回苹果。无论多明智的人也不可能把一切都计划好，但它确实发生了，因此我万分感谢 Chiat、Jobs、Hayden、Clow 以及我有幸为之服务的客户。所有这些人都激发了我对简洁的痴迷，他们都在某种程度上影响了我在本书中所传达的思想。

在此，我感谢下列各位对本书所做的贡献。

Mary Martin 是一位研究奇才。她天生对简洁具有敏锐的感觉。我永远感谢她。

Ellie Schwartz 是一位社交媒体专家。实际上，白天她是社交媒体专家，晚上是我的首席（也是唯一的）采访转录者。我很惶恐，因为她为我花的时间不计其数。万分感谢！

Natalie Horbachevsky 是一位编辑和魔术师。她有一种我无法企及的进行整理思考的天赋。感谢她在任何情况下始终支持我。

Adrian Zackheim 是一位出版人。没有他的鼓励和支持，此书就不会问世。嗯，可能连书名都没影儿呢。

Craig Frazier 是一位插图画家和短篇小说家。他用笔在电子画板上作画，承担了此书的封面设计工作。他太有才了。很荣幸他如此热情地为我的书出力。

感谢充满活力的 Neil Lowenbraun 和 Elizabeth Gordon，他们给予我诸多支持，并为我疏通一些重要关系。

Stew Kennedy 是我在悉尼的神秘代理。由于他的指点，我才得以联系上并认识到一些非常棒的澳大利亚人。

Jac Phillips 不仅是一位很和蔼的、乐于助人的墨尔本人，也是目前参加《苹果故事：乔布斯的简洁之道》报告会次数最多的人。

Jeemy Segall，是的，他是我的孩子。三年前，他提出了这本书现在的书名，这个书名言简意赅，完胜他老爸的创意。我怎么就没想到用这几个词呢？

Kylie Wright-Ford 是世界五十公司（World 50）首席运营与战略官。很感谢她在我研究初期提供建议，并介绍我认识了一些关系人。

Zita Segall Neto 是我妹妹。她既是文字编辑，又是语法专家。我向她征求了不少建议。要知道，她不仅能提供英语帮助，还能提供葡萄牙语帮助！她是本书校对团队的一员！

我要感谢本书的校对团队。我第一本书的校对团队，又承担起此书的校对职责。团队成员有 Michael Rylander、Tom Witt 和 Valerie Hausladen。今年，还有两位新手加入了该团队，他们是 Ellie Schwartz 和 Sam Behrend。

Christy Fletcher，我永远亏欠她，她是一位很棒的文学指导。四年前，在一个初涉写作的人身上，她看到了希望。她知识渊博，总能给我指点，常常是我精神力量的来源。

我的朋友和家人们，向你们所有人表示歉意！在研究和写作过程中，我消失了较长一段时间。你们知道自己是谁，我只希望你们不要记不得我。

最后，我必须再次感谢本书中出现的商界领导者。他们为此书奉献了宝贵的时间。他们是我遇到的最能激发他人激情的一群人。

THINK SIMPLE: How Smart Leaders Defeat Complexity by Ken Segall
9781591847502

This edition published by arrangement with the Portfolio, an imprint of Penguin Publishing Group, a division of Penguin Random House LLC, arranged through Andrew Nurnberg Associates International Ltd.

图书在版编目（CIP）数据

简洁之美：苹果运营的秘密/（美）肯・西格尔（Ken Segall）著；笪鸿安，高原，蔡金峰译．—北京：中国人民大学出版社，2017.10

书名原文：Think Simple：How Smart Leaders Defeat Complexity

ISBN 978-7-300-24282-8

Ⅰ.①简… Ⅱ.①肯… ②笪… ③高… ④蔡… Ⅲ.①电子计算机工业-工业企业管理-经验-美国 Ⅳ.①F471.266

中国版本图书馆 CIP 数据核字（2017）第 057083 号

简洁之美：苹果运营的秘密

[美] 肯・西格尔　著

笪鸿安　高原　蔡金峰　译

Jianjie zhi Mei

出版发行	中国人民大学出版社		
社　址	北京中关村大街 31 号	**邮政编码**	100080
电　话	010－62511242（总编室）		010－62511770（质管部）
	010－82501766（邮购部）		010－62514148（门市部）
	010－62515195（发行公司）		010－62515275（盗版举报）
网　址	http://www.crup.com.cn		
	http://www.ttrnet.com（人大教研网）		
经　销	新华书店		
印　刷	涿州市星河印刷有限公司		
规　格	145 mm×210 mm　32 开本	**版　次**	2017 年 10 月第 1 版
印　张	9.5 插页 2	**印　次**	2017 年 10 月第 1 次印刷
字　数	177 000	**定　价**	58.00 元